趣说中国史

三国两晋篇

刘喜涛◎主编
王蕊◎著

台海出版社

图书在版编目（CIP）数据

趣说中国史．三国两晋篇 / 刘喜涛主编；王蕊著．北京：台海出版社，2025. 7. -- ISBN 978-7-5168-4295-9（2026.1 重印）

Ⅰ．K220.9

中国国家版本馆 CIP 数据核字第 2025KC7561 号

趣说中国史．三国两晋篇

主　　编：刘喜涛　　著　　者：王　蕊

责任编辑：赵旭雯　　封面设计：异一设计

出版发行：台海出版社
地　　址：北京市东城区景山东街 20 号　　邮政编码：100009
电　　话：010-64041652（发行，邮购）
传　　真：010-84045799（总编室）
网　　址：www.taimeng.org.cn/thcbs/default.htm
E - mail：thcbs@126.com

经　　销：全国各地新华书店
印　　刷：三河市嘉科万达彩色印刷有限公司
本书如有破损、缺页、装订错误，请与本社联系调换

开　　本：880 毫米 ×1230 毫米　　1/32
字　　数：170 千字　　印　　张：6.75
版　　次：2025 年 7 月第 1 版　　印　　次：2026 年 1 月第 2 次印刷
书　　号：ISBN 978-7-5168-4295-9

定　　价：49.80 元

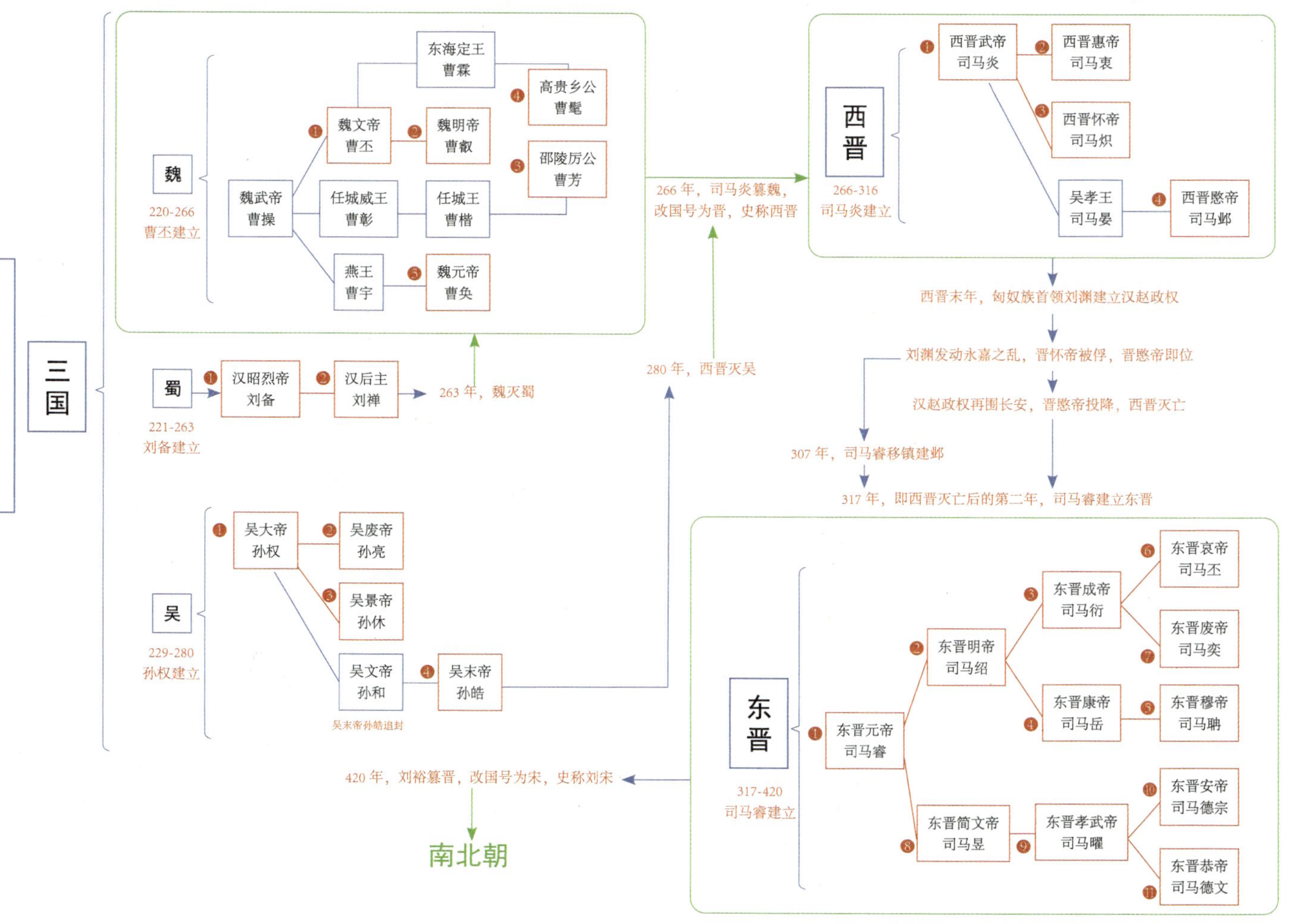
三国两晋世系表
三国
魏
220-266
曹丕建立
魏武帝 曹操
1 魏文帝 曹丕
2 魏明帝 曹叡
东海定王 曹霖
4 高贵乡公 曹髦
任城威王 曹彰
任城王 曹楷
3 邵陵厉公 曹芳
燕王 曹宇
5 魏元帝 曹奂
蜀
221-263
刘备建立
1 汉昭烈帝 刘备
2 汉后主 刘禅
263 年，魏灭蜀
吴
229-280
孙权建立
1 吴大帝 孙权
2 吴废帝 孙亮
3 吴景帝 孙休
吴文帝 孙和
吴末帝孙皓追封
4 吴末帝 孙皓
280 年，西晋灭吴
266 年，司马炎篡魏，改国号为晋，史称西晋
西晋
266-316
司马炎建立
1 西晋武帝 司马炎
2 西晋惠帝 司马衷
3 西晋怀帝 司马炽
吴孝王 司马晏
4 西晋愍帝 司马邺
西晋末年，匈奴族首领刘渊建立汉赵政权
刘渊发动永嘉之乱，晋怀帝被俘，晋愍帝即位
汉赵政权再围长安，晋愍帝投降，西晋灭亡
307 年，司马睿移镇建邺
317 年，即西晋灭亡后的第二年，司马睿建立东晋
东晋
317-420
司马睿建立
1 东晋元帝 司马睿
2 东晋明帝 司马绍
3 东晋成帝 司马衍
4 东晋康帝 司马岳
5 东晋穆帝 司马聃
6 东晋哀帝 司马丕
7 东晋废帝 司马奕
8 东晋简文帝 司马昱
9 东晋孝武帝 司马曜
10 东晋安帝 司马德宗
11 东晋恭帝 司马德文
420 年，刘裕篡晋，改国号为宋，史称刘宋
南北朝

目
CONTENTS
录

终于到了悠闲的周末，曹操正沉浸于网上冲浪，突然发现自己被拉入了一个新群聊。他定睛一看，群里除了自己都是皇帝！身为大汉丞相的他顿时慌了神，连忙行动起来，火速将汉献帝刘协也拉入群聊之中。

三国两晋乱世枭雄群（28）

“三国-魏武帝-曹操”邀请“东汉献帝-刘协”加入群聊

三国-魏文帝-曹丕

哎哟，爸爸，您怎么把他也邀请进群啦？

东汉献帝-刘协

我是谁？我在哪儿？

东汉献帝-刘协

三国-魏武帝-曹操

儿子，这群是怎么回事？

三国-魏武帝-曹操

为父我明明是丞相，这位才是皇帝呀！@东汉献帝-刘协

三国-吴大帝-孙权

曹兄，您还不知道吗？您的好大儿曹丕已经称帝啦！

三国两晋乱世枭雄群(28)

三国-魏武帝-曹操

三国-魏文帝-曹丕

请爸爸明鉴！这皇位是协妹夫让给我的呀。我屡次上书拒绝，最终不得已才答应的呀。

三国-吴末帝-孙皓

东汉献帝-刘协

那我走?

三国-魏文帝-曹丕

您先别走，来都来了，不如给我们当个评委。

两晋-西晋武帝-司马炎

是啊，三国两晋大型真人秀节目《我行我秀》的候选人都在这儿了，您来评评究竟谁最“秀”。

划重点

东汉末年，曹操一改汉朝制度，自立为相。曹操终其一生都没有称帝建国，但距离皇位只差一个名分。建安二十一年（216年）四月，汉献帝册封曹操为魏王。曹操位列诸侯王之上，上朝奏事可以不称臣，受皇帝诏可以不拜，甚至可以佩剑入朝。当时曹魏

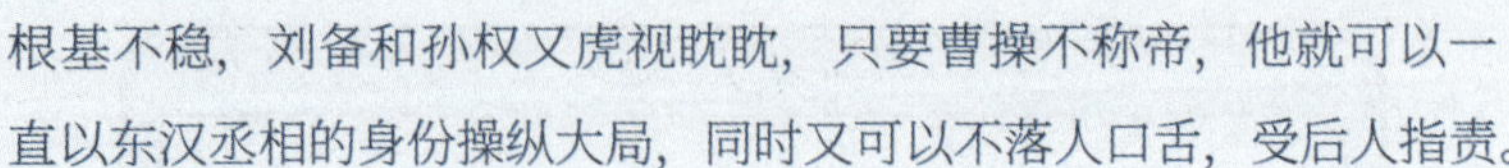

根基不稳，刘备和孙权又虎视眈眈，只要曹操不称帝，他就可以一直以东汉丞相的身份操纵大局，同时又可以不落人口舌，受后人指责。

建安二十五年（220年）正月，曹操逝世，其子曹丕承袭爵位，改元延康，同时逼迫汉献帝禅位。同年十月，曹丕接受汉献帝禅位，建立魏国，改元黄初。汉献帝被封为山阳公，负责治理河内郡的山阳县（今河南省焦作市），死后被以汉天子礼仪葬于禅陵。

刘协的第一任皇后伏氏因不满于曹操的专权，设计陷害曹操，却被曹操发现。于是曹操令汉献帝废黜伏皇后，并立自己的女儿曹节为后，即东汉献穆皇后。因此按辈分来算，东汉献帝刘协是曹操的女婿，也是曹操之子曹丕的妹夫。

刘协本来想远离这是非之地的，但也想看看他们究竟有什么本事。

三国两晋乱世枭雄群(28)

三国-魏武帝-曹操

咳咳，当评委可要公平公正啊，不要再偷偷搞小动作，比如衣带诏！

三国-魏武帝-曹操

三国-蜀汉后主-刘禅

要说小动作，谁能比得上您当年“挟天子以令诸侯”啊？

三国-蜀汉昭烈帝-刘备

他们是名不正言不顺，儿子，咱们是正统，不要与他们一般见识。

三国-蜀汉昭烈帝-刘备

三国-吴废帝-孙亮

如今一个假“皇叔”也能算正统了吗？

三国两晋乱世枭雄群(28)

两晋-东晋明帝-司马绍

东汉献帝-刘协

好啦好啦，陈年旧事不要再提，你们的辉煌成果什么时候展示呀？

东汉献帝-刘协

三国-魏文帝-曹丕

首先要展示的是我们魏氏三祖……

东汉献帝-刘协

等一下，魏氏在哪里？

两晋-东晋孝武帝-司马曜

难道是新同学？

三国-魏武帝-曹操

我竟不知道如何接你这话。

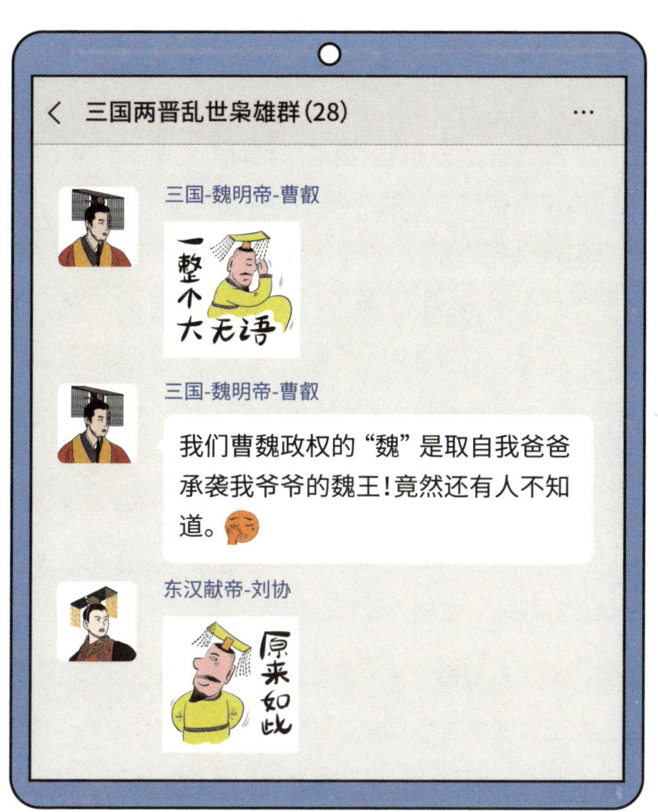

衣带诏：建安四年（199年），刘协亲撰密诏，并将其缝于玉带中，以奖励车骑将军董承的方式，让他将玉带秘密带出宫，暗中联络不满曹操之人密谋起事。董承带着汉献帝的衣带诏，得以与刘备、种辑、王子服等人合谋。但董承等人尚未行动，事情便败露，曹操下令处死董承。自此，曹操对刘协的看管更加严格。

挟天子以令诸侯：东汉末年，各方势力群雄割据，皇室力量衰微，汉献帝被迫过上流离的生活。此时，曹操采取谋士的建议，名义上迎接汉献帝到自己的地盘上，实则打着“侍奉天子”的口号控制汉献帝，将他变为手中的傀儡，以控制局势，并收服天下人心。曹操此举成功拉拢了曾为大汉效忠的大部分力量，积攒了统一北方的实力。

刘备虽为汉朝皇族后裔，但无法考证其具体辈分。《三国演义》中汉献帝认刘备为皇叔的情节，是作者杜撰的。事实上，史料仅明确记载刘备为汉景帝之子中山靖王刘胜之后，而刘胜之子刘贞被削爵后，其后代世系再无明确的史料记载，因此无法考证刘备的具体辈分，只能认定其为汉朝的疏远宗室。

魏氏三祖：指曹操、曹丕和曹叡，他们都对文学诗歌有着较深的造诣，且三人的庙号都带有“祖”字，故后世称他们为魏氏三祖。同时还有“三曹”的说法，指的是曹操、曹丕、曹植，他们父子三人创立了建安文学，有着较高的文学地位，故后人合称为“三曹”。

汉献帝册封曹操为魏公。之所以赐号“魏”，是因为曹操的封地在魏郡（今河北省南部、河南省北部及山东省西部部分地区）。曹操死后，曹丕继承其父的魏公爵位。汉献帝禅位曹丕，曹丕称帝建国，仍以“魏”为国号，也从另一个角度弥补了曹操没能称帝的遗憾。

看见大家聊起国号，“潜水”好一会儿的司马家也来了兴致。

三国两晋乱世枭雄群(28)

两晋-西晋武帝-司马炎

叡兄，英雄所见略同啊！我们家的“晋”也是这么来的。

两晋-西晋惠帝-司马衷

两晋-西晋惠帝-司马衷

爸爸，我还以为是因为咱们的故乡为晋国旧地呢。

两晋-西晋武帝-司马炎

你说得也没错。👍👍

三国-吴景帝-孙休

我说楼上的二位，也没人问你们呀，就搁这儿说。😒

三国-魏高贵乡公-曹髦

就是嘛，怎么开始自报家门了？

两晋-西晋武帝-司马炎

看你们三国如此热闹，我们两晋也想蹭蹭热度嘛！

三国两晋乱世枭雄群(28)

两晋-西晋愍帝-司马邺

三国-蜀汉昭烈帝-刘备

你们的心情我可以理解，但总不能派司马衷来参加节目吧。

三国-蜀汉后主-刘禅

三国-蜀汉后主-刘禅

“何不食肉糜”可谓臭名昭著啊！

两晋-西晋怀帝-司马炽

你这扶不起的阿斗，有什么资格来说我们家的人！

两晋-西晋愍帝-司马邺

卖草鞋的人家，也配和我们司马家族同台竞技吗？

三国两晋乱世枭雄群(28)

三国-蜀汉昭烈帝-刘备

卖草鞋怎么了?等着看我这次参加节目草根变明星吧!

两晋-东晋废帝-司马奕

吃瓜

东汉献帝-刘协

你们还记得这是节目啊!当皇帝的时候不受尊敬,当评委了也不被重视!家人们,谁懂啊……

东汉献帝-刘协

宝宝心里苦

西晋之所以称为“晋”,是因为开国皇帝司马炎承袭了其父司

马昭的晋王爵位。甘露三年（258年）五月，曹魏第四位皇帝曹髦册封司马昭为晋王。之所以赐号“晋”，是因为司马昭的故乡为春秋时期的晋国之地（今河南省焦作市温县）。司马昭死后，其子司马炎承袭晋王爵位。司马炎于泰始元年（266年）建国，以“晋”为国号。

东晋的统治集团与西晋同为司马氏家族，因此承袭西晋的国号，仍称“晋”。但后人为区分两国，依据地理位置，将以洛阳（今河南省洛阳市）为都的晋国称为“西晋”，将以建康（今江苏省南京市）为都的晋国称为“东晋”。

传言西晋惠帝司马衷因智力不高，引得司马炎猜忌，后在太子妃贾南风的帮助下，得以蒙混过关。司马衷当政时，有一年全国各地都在闹灾荒，地方官员报告百姓已无饭可吃。司马衷却反问道：“何不食肉糜?”意思是为什么不吃肉粥呢?地方官员听后哭笑不得，连饭都吃不上，哪里来的肉呢?

扶不起的阿斗：刘禅（shàn）的小名为阿斗。刘禅在位期间，即使有诸葛亮的辅佐，也未能有效治理国家，最终投降于魏国，成为亡国之君。因此，后人称刘禅为“扶不起的阿斗”。但事实上，刘禅并非像小说及影视剧中描述得那么不堪。诸葛亮在世时，刘禅公开表示“政由葛氏，祭则寡人”，政事全听诸葛亮安排。在诸葛亮死后的30年里，刘禅也在勤勤恳恳地学着如何做一位好皇帝。

刘备的一生充满传奇色彩。他虽为汉朝皇族后裔，但父亲早亡，只得随母亲以卖草鞋为生，早年生活极其艰苦。他在动荡的时代凭借着一颗追梦赤子心，冲出重围，建立蜀汉。然而令人唏嘘的是，刘备虽然先后得到了诸葛亮和庞统这两位旷世奇才的辅佐，最终却未能实现统一天下的宏愿。

刘协听了好一会儿，也没看到一个真刀真枪的本事，顿时觉得他的大汉输得很冤。

三国两晋乱世枭雄群(28)

东汉献帝-刘协

我的东汉不会就败给了你们这些人吧！

东汉献帝-刘协

扶墙吐血

东汉献帝-刘协

你们除了在群里吵架拌嘴，究竟有没有真本领？

两晋-东晋康帝-司马岳

一看您就是没刷朋友圈呀，某人都刷屏了。

三国-魏文帝-曹丕

那我就不谦虚了，我爸爸赢了官渡之战！

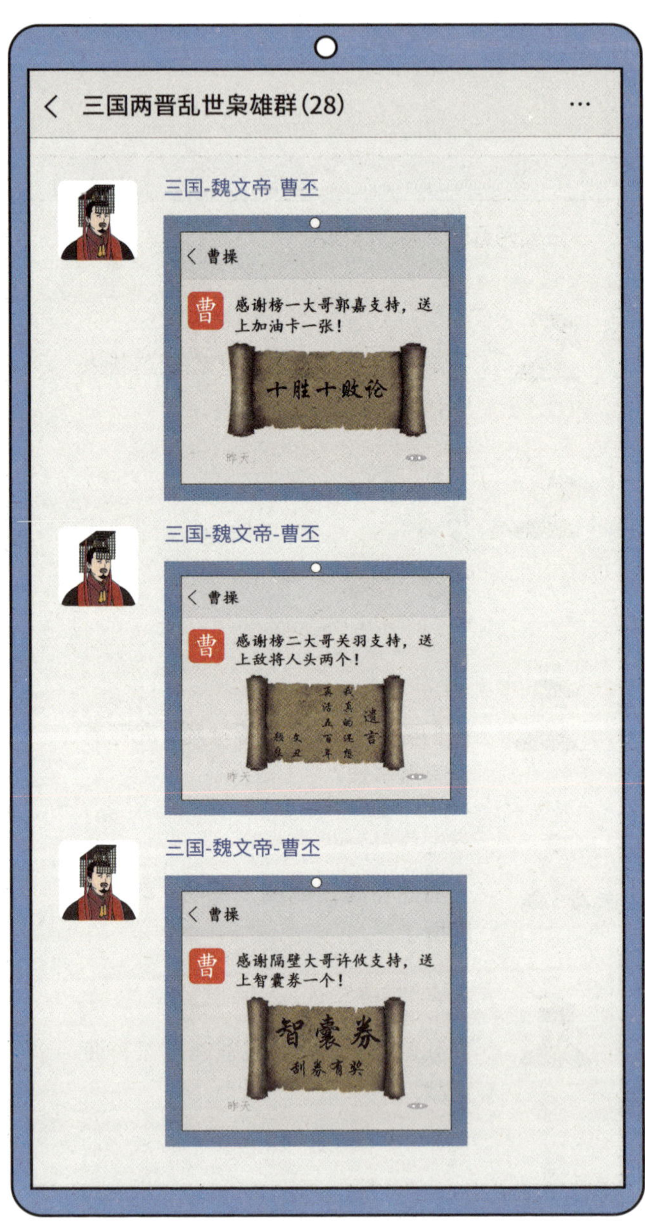
三国两晋乱世枭雄群(28)
三国-魏文帝 曹丕
曹操
曹
感谢榜一大哥郭嘉支持，送上加油卡一张！
十胜十败论
昨天
三国-魏文帝-曹丕
曹操
曹
感谢榜二大哥关羽支持，送上敌将人头两个！
遗言
我真的没想
再活五百年
文丑
颜良
昨天
三国-魏文帝-曹丕
曹操
曹
感谢隔壁大哥许攸支持，送上智囊券一个！
智囊券
刮券有奖
昨天

三国两晋乱世枭雄群(28)

三国-魏武帝-曹操

低调低调，那我简单讲两句！

三国-魏文帝-曹丕

三国-魏元帝-曹奂

三国-魏武帝-曹操

取得今天这样的好成绩，全靠各位谋士和将领！在此特别感谢郭嘉、关羽、许攸！🙏

东汉献帝-刘协

没想到你是位不贪功又惜才的好领导啊，我投你一票！

三国-魏文帝-曹丕

那是当然喽，要不怎么有我们曹魏的“五子良将”呢。

曹操在官渡之战中能够出奇制胜的关键性因素有三：战前，谋士郭嘉分析曹军与袁军的优劣，得出“十胜十败论”，坚定了曹操及曹军的必胜信心。战争初期，曹操派在下邳（pī）之战中擒获的关羽出战，先后斩杀了袁绍的两员大将——颜良和文丑，使袁绍蒙受巨大损失，打击了袁军士气。战争中后期，曹操接受许攸（yōu）的建议，奇袭乌巢（今河南省新乡市），火烧袁绍粮草，断绝袁绍后路，使袁绍彻底失去翻盘的机会。

曹操的爱才、惜才贯穿他建立霸业的始终。他到处招揽谋士，不论出身如何，哪怕曾属于敌对阵营，都想招至麾下。曹操的“五子良将”分别是张辽、乐进、于禁、张郃（hé）、徐晃，这五人原本皆属其他阵营而后又投奔曹操。在曹操的《短歌行》中，“青青子衿，悠悠我心”“明明如月，何时可掇”“周公吐哺，天下归心”都体现了他对贤才的渴望和招揽之心。

眼见曹操收获了一票，刘备也借机展示锋芒。

三国两晋乱世枭雄群(28)

三国-蜀汉昭烈帝-刘备

曹兄确实厉害!

三国-蜀汉昭烈帝-刘备

想当年青梅煮酒,曹兄说这天下只有我们两人称得上英雄!

东汉献帝-刘协

哦?看来你也有许多过人之处啦,我也投你一票!

两晋-东晋简文帝-司马昱

两晋-东晋穆帝-司马聃

他除了手臂太长、耳垂太长以外,还有什么过人之处吗?我不服!

两晋-东晋明帝-司马绍

三国两晋乱世枭雄群(28)

三国-吴末帝-孙皓

赢了官渡之战就算厉害了?还不是在赤壁之战中败给了我爷爷!

东汉献帝-刘协

东汉献帝-刘协

那我投孙权一票!

两晋-西晋愍帝-司马邺

咱们都是做皇帝的,统一全国的含金量大家都懂,所以还是我爷爷最厉害!

两晋-西晋武帝-司马炎

两晋-西晋武帝-司马炎

懂的都懂!

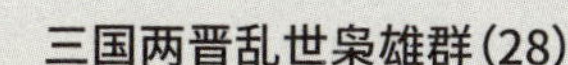

两晋-东晋恭帝-司马德文

东汉献帝-刘协

确实是这样的，那我投司马炎一票！

两晋-东晋哀帝-司马丕

您这是无差别投票吗？

东汉献帝-刘协

三国-魏文帝-曹丕

依我看，这评委的位置您也“禅让”了吧！

两晋-东晋安帝-司马德宗

（“三国-魏文帝-曹丕”将“东汉献帝-刘协”移出群聊）

青梅煮酒：据正史《三国志》记载，刘备在接受汉献帝的招安命令前，曹操曾与其直言："纵观天下，只有我与你才是真英雄！"吓得刘备以为事情暴露，连手中的筷子都掉落在地上。《三国演义》中"青梅煮酒论英雄"的情节便出自此处，并加以改写，增加了刘备从容、机智应对的内容。

据《三国志》记载，刘备身高七尺五寸，双手下垂时可以超过膝盖，回头可以看到自己的耳朵。七尺五寸，换算成现代标准大约是1.73米。或许记载有些夸张，但刘备的长相与身材在古代确实是福相。古人认为，双手过膝是吉祥的象征，预示着这个人将来会有非凡的成就；耳朵大且垂肩则被认为是有福之相，预示着长寿和富贵。

赤壁之战：建安十三年（208年），孙刘联军在长江赤壁（今湖北省赤壁市西北）一带大破曹操大军的战役。曹操还未在荆州（大致位于长江中游与汉水流域一带）站稳脚跟，却一心南下。由于北方士兵缺少水战经验，再加上孙权大将周瑜巧用火攻之计，曹操大败。赤壁之战的失利，使曹操丧失了统一全国的最好时机，曹操自此退回北方，三国鼎立的局面初见雏形。

司马炎在继承其父司马昭的晋王爵位后，日渐独揽魏国的军政大权。咸熙二年（265年），曹魏末代皇帝曹奂禅位于司马炎。司马炎登基后，西晋逐渐繁盛。而与此同时，吴国在末代帝王孙

皓的治理下日渐衰落，不少吴国将领纷纷投降西晋。司马炎在众望所归下举兵伐吴。经过一年的征伐，吴国灭亡，从此三国分裂的局面结束，中国历史再度迎来了大统一。

经过一番争论，各位皇帝谁也不服谁，就连汉献帝这个评委也丝毫没有存在感。这次《我行我秀》真人秀节目没有角逐出获胜者，大家都觉得很不服气，打算下次再战！

上次的选秀节目无疾而终，但主办方的投诉信倒是收到不少。大家都觉得比拼各自的辉煌时刻不好界定输赢，有些皇帝虽没有旷世奇功，却小有成就，不能埋没了这一部分人的光芒。这不，曹丕又开始操办起下一场比拼了。

三国两晋乱世枭雄群(27)

三国-魏武帝-曹操

什么选秀啦，比赛啦，说来说去，都只是嘴上功夫，花拳绣腿！

三国-魏文帝-曹丕

三国-吴大帝-孙权

那要不您说怎么比?您来亲自抡上几耙子?

三国-魏明帝-曹叡

别抬杠，你怎么不来！

三国-吴末帝-孙皓

我爷爷可是名将之后，出身贵族，怎么能干这种粗活?

三国-吴末帝-孙皓

三国两晋乱世枭雄群(27)

三国-吴大帝-孙权

低调，低调！我不过就是站在父亲和哥哥的肩膀上罢了！

两晋-东晋孝武帝-司马曜

三国-魏邵陵厉公-曹芳

原来如此啊，看来能有今天的成绩，是先辈打下的基础啊。

三国-吴大帝-孙权

当然有先辈的功劳，不过我那成绩部分是靠着屯田的好政策得来的。

两晋-西晋惠帝-司马衷

原来是这样啊，我还以为江东之地天生富裕。

三国-吴大帝-孙权

哪有什么天生啊，要说有，想必是“天生我材必有用”吧！

孙权的父亲孙坚是东汉末年的将领，年少即被封为县吏，攻洛阳，驱吕布，讨董卓，以勇猛尚武扬名。孙坚在东汉末年的乱局中白手起家，为孙氏子弟在江东的发展打下了江山。后孙权继承父业，建立吴国。

屯田：中国封建王朝统治者组织劳动者在国有土地上进行开垦耕作的农业生产形式。屯田有军屯与民屯之分，其中以军屯为主。由从征的将士家属和预备役兵士耕种的称为军屯，普通民众自行耕种的称为民屯。汉末之际，流民众多，屯田政策既可以把这些流民安置在国有土地上从事生产，以缓解流民暴动的危机；被安置在土地上从事生产的百姓还可以向国家交纳粮食，这样又解决了军粮供应问题。

吴国起家的江东地区，大部分地处江淮以南，该地区并非一直以来就很富裕。汉代史学家司马迁曾在《史记·货殖列传》中写道："是故江淮以南，无冻饿之人，亦无千金之家。"意思是，此地虽然有优越的气候条件和丰富的自然资源，但缺少开发。因此一直以来虽谈不上贫困，但也绝对说不上富庶。同时，加上南方的湿润气候，以及古代匮乏的医疗条件，此地不仅较难开发，而且很容易滋生各种疾病。

听到"屯田"二字，曹操眼睛都亮了！好熟悉的词语，仿佛在前世就与之有缘！

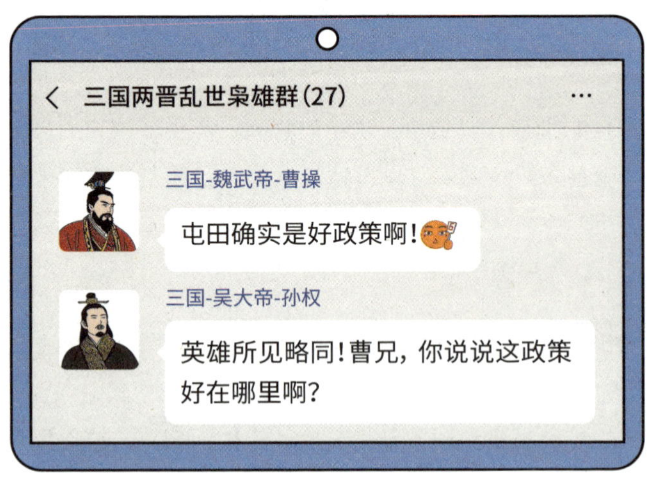

三国两晋乱世枭雄群(27)

三国-魏武帝-曹操

这政策好就好在，是我们先提出来的呀！

三国-魏武帝-曹操

三国-吴大帝-孙权

咱们都是一家人，不分你我！

两晋-西晋武帝-司马炎

我没看错吧?一个让百姓不满意的政策，还有人抢着要专利啊?

两晋-东晋元帝-司马睿

三国-吴废帝-孙亮

这件事确实有争议，不过没关系，我爹的功绩多着呢！

三国两晋乱世枭雄群(27)

三国-魏文帝-曹不

比如兴修水利?

三国-蜀汉后主-刘禅

你们竟如此了解?

三国-蜀汉昭烈帝-刘备

难不成是“三国一家亲”的小分队没带上咱俩?

三国-魏文帝-曹丕

不过是因为我爹的一句“生子当如孙仲谋”!

三国-魏武帝-曹操

两晋-东晋简文帝-司马昱

魏国比吴国先实行屯田政策。两国的政策内容基本相同，都分为军屯和民屯。与吴国不同的是，魏国的民屯生产者主要为招募的流亡农民，且多为自愿。曹操利用屯田政策为前线战事积攒了不少粮草，达到了“收谷百万斛”的成绩，使曹操得以征伐四方，没有后顾之忧。

屯田政策的实施对百姓产生了巨大的压力。一方面，百姓要严格遵守屯田政策下的管理制度，常被强制编入屯田组织，劳动强度极大。另一方面，百姓要将屯田的大部分产出上缴，同时还要承担各种赋税。这些都导致百姓长期处于贫困状态，流亡人口与日俱增。

为了应对南方的气候，解决水患问题，吴国大力兴修水利工程，如修建堤坝、整治运河等。赤乌三年（240年），为连通秦淮河和宫城附近的水系，开凿了运渎（位于今江苏省南京市境内）；赤乌八年（245年），为连通秦淮河与太湖流域的水运，开凿了破岗渎（位于今江苏省南京市和镇江市境内）等。吴国的水利工程不仅改善了境内的灌溉条件，保障了粮食产量，还极大促进了吴国境内的漕运交通，加强了各地区间的物资流通与经济联系，为吴国的繁荣发展筑牢了基础。

生子当如孙仲谋：东汉末年，群雄割据，曹操与孙权在濡须（今安徽省境内）对战，孙权发挥出其独特的指挥才能，军队军容整齐，士气振奋。曹操不由得发出赞叹：“生子当如孙仲谋。”

皇帝们开始走表扬路线了，但有人表示不服，于是吐槽大会又开始了。

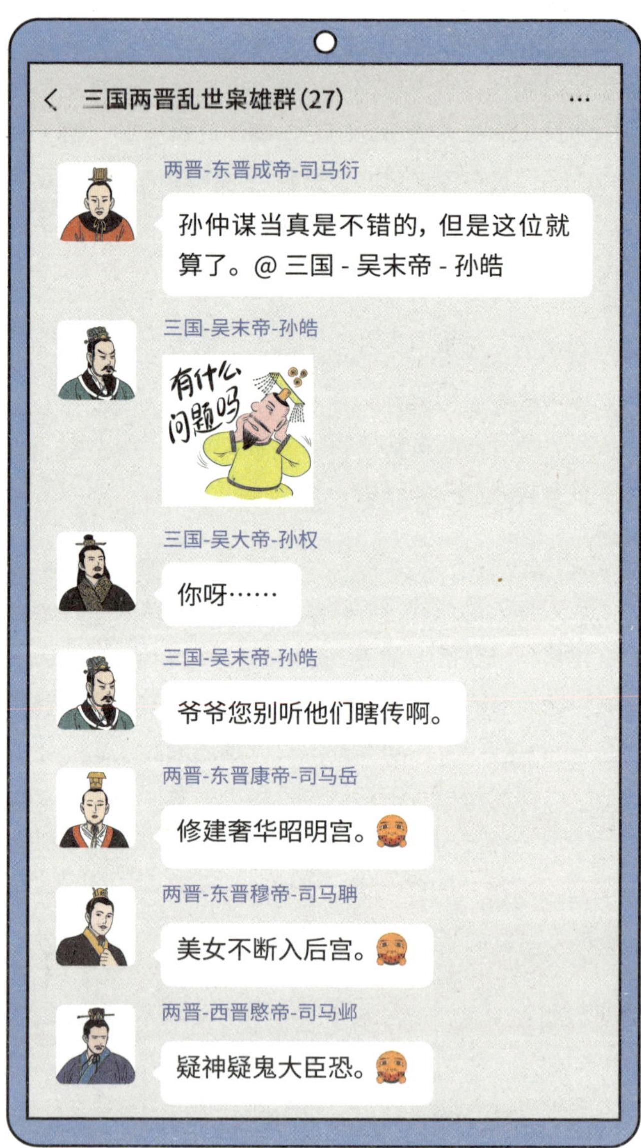

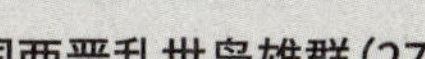

两晋-东晋哀帝-司马丕

杀尽手足族谱空。

三国-吴大帝-孙权

为何如此我不懂！

三国-吴大帝-孙权

三国-吴末帝-孙皓

爷爷您先消消气，先说说您什么时候和他们一起玩上说唱啦？

两晋-东晋明帝-司马绍

不过话说回来，他们吴国的人也许当不了好皇帝，但可以当个好瓦工！

三国-吴大帝-孙权

三国两晋乱世枭雄群(27)

两晋-东晋明帝-司马绍

因为吴国的西苑建得确实结实啊,经过了这么多年,我只不过是略施小计,便将其轻松改造成了我华丽的"太子西池"。

两晋-东晋明帝-司马绍

三国-吴大帝-孙权

丢人丢到家了!

三国-吴末帝-孙皓

您听我解释,这事说到底,还是您那些政策不好。

三国-吴大帝-孙权

我看最不好的政策,就是让你做了皇帝!

三国-吴大帝-孙权

吴末帝孙皓暴虐昏庸，统治后期尽显暴君本性。他大兴土木，修建奢侈华丽的昭明宫，还贪酒好色，不断挑选美女进入后宫，使得举国上下人心惶惶。同时，孙皓疑心很重，身边大臣的一句话都可能招致杀身之祸。对他构成竞争威胁的异母兄弟，孙皓更是赶尽杀绝。凡此种种，都导致吴国国力日渐衰弱，不得民心。

昭明宫：在已有的太初宫完善的前提下，吴末帝孙皓依然执意修建新宫殿。他下令大小官员都要到山林里监督伐木，并雇用大量能工巧匠为昭明宫打造珠玉，耗资巨大。同时，为了使殿堂之间终年都有碧波绿水，孙皓还特别在昭明宫后面开凿一条“城北渠”，以引进湖水。最终，昭明宫经六个月建成，极尽奢华。

太子西池：司马绍身为太子时在吴国西苑的基础上修建的。司马绍十分喜爱挖池塘、修亭台，然而其父司马睿却一直反对他这一爱好。一天，他趁着夜色，召集武士挖掘池塘。在众人的齐心协力下，到天亮时，池塘竟然挖成了。这个池塘实际上是吴国时期所挖的西苑，但经多年的淤泥堆积，几近荒废。幸得司马绍此番修复，才重新焕发生机，它也因此被人们俗称为“太子西池”。

吴国确实没有选择一个好皇帝，才误了国运。但提到选人才，曹操开始蠢蠢欲动，别忘了他可是这方面的一把好手！

三国两晋乱世枭雄群(27)

三国-魏武帝-曹操

虽然你明白得有点晚，但是领悟得很到位，选接班人是门学问。

三国-蜀汉昭烈帝-刘备

我也想上这门课！

三国-蜀汉后主-刘禅

爸爸，我还在群里呢！

三国-蜀汉后主-刘禅

三国-魏武帝-曹操

孩子别哭，咱不谈这个，伤感情！

两晋-西晋怀帝-司马炽

听说你们的选官制度也不错。

三国-魏文帝-曹丕

没错，我们曹家的九品中正制主打一个公平。

三国两晋乱世枭雄群(27) ···

三国-魏明帝-曹叡

家世、才能、品德这些都要考核，值得信赖！

两晋-东晋恭帝-司马德文

两晋-东晋安帝-司马德宗

你们所谓的公平，不过是暂时的、相对的、静止的……

三国-吴景帝-孙休

两晋-东晋元帝-司马睿

权力最终还是被世家大族握在了手里。

两晋-东晋废帝-司马奕

就是就是，我都在朋友圈看到他们晒族谱了！

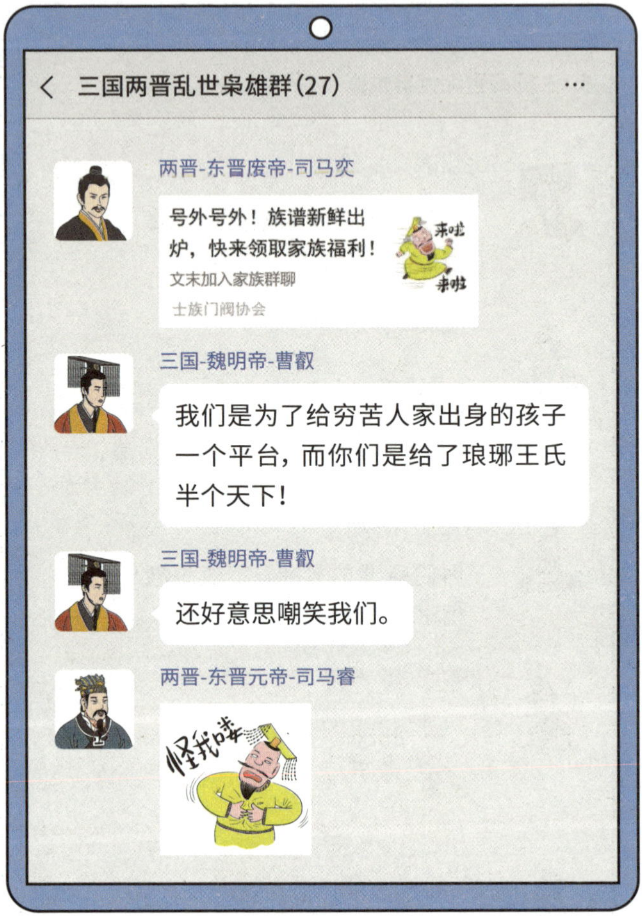

三国两晋乱世枭雄群(27)

两晋-东晋废帝-司马奕

号外号外！族谱新鲜出炉，快来领取家族福利！

文末加入家族群聊

士族门阀协会

三国-魏明帝-曹叡

我们是为了给穷苦人家出身的孩子一个平台，而你们是给了琅琊王氏半个天下！

三国-魏明帝-曹叡

还好意思嘲笑我们。

两晋-东晋元帝-司马睿

九品中正制：三国时期魏国实行的选官制度。由中正官按

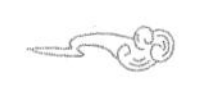

照家世、品德、才能将候选人才划分等级，并把官职划分为九品，按照等级授予官品。九品中正制初行时，以“唯才是举”为原则，即选拔人才主要看才能和品德。这大大提升了官员的质量，也使穷苦人家出身的才子有了在政治上一展拳脚的机会。

九品中正制实行到后期，负责选拔人才的中正官常常由世家大族把控，选拔出来的官员自然也为世家大族的后代。因而就形成了“上品无寒门，下品无势族”的局面，最终导致国家大权落入世家大族手中。

魏晋时期士族发展日渐兴盛，通常以修谱牒的方式来显示地位的尊贵，家谱便是其中的形式之一。世家大族常为族内有威望的人立传，还以血缘关系为依据，将族人按辈分排列，来辨别家族成员。谱牒是选官、通婚的重要依据。魏晋时期，对于谱牒的研究甚至成为一门学问，研究谱牒的人被称为谱学家。

东晋政权是由世家大族琅琊王氏辅佐司马氏建立起来的。西晋后期，战乱频繁，世家大族多举家南迁。因古代以衣冠指代士人礼服，代表礼教政权的迁移，故称衣冠南渡。南渡的琅琊司马氏在王氏的辅佐下，逐渐拉拢江南的世家大族，并站稳脚跟。西晋灭亡后，司马睿建立东晋，王氏执掌军政大权，成为仅次于皇族的名门望族。于是当时人们戏称东晋政权为“王与马共天下”。

世事难料，曾经看似极其正确的想法，在实践的过程中也会出现偏差，看来皇帝们也有烦恼啊。

三国两晋乱世枭雄群(27)

三国-魏武帝-曹操

三国-魏武帝-曹操

这么热闹呀!可惜我去世得早，没能吃个完整的“瓜”。

三国-魏元帝-曹奂

没关系的，爷爷，我们活得也都不长。

三国-魏高贵乡公-曹髦

三国-吴大帝-孙权

没关系的，曹兄，我活这么久，也没见有什么好事发生。

三国-吴大帝-孙权

三国两晋乱世枭雄群(27)　…

三国-蜀汉昭烈帝-刘备

早晚都不要紧，我有孔明在，走得还能放心点儿。

两晋-东晋元帝-司马睿

你是放心地去了，可怜的孔明兄呕心沥血一辈子，最后都没人给立个庙啊！

两晋-东晋元帝-司马睿

三国-蜀汉昭烈帝-刘备

@三国-蜀汉后主-刘禅 你这逆子！

三国-蜀汉后主-刘禅

爸爸息怒，相父总比他大侄子诸葛恪的下场要好得多吧。

两晋-西晋武帝-司马炎

想必又是皓兄干的好事。@三国-吴末帝-孙皓

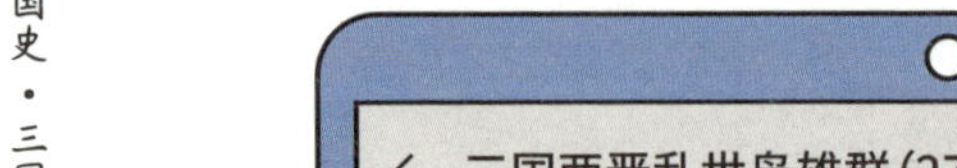

两晋-西晋武帝-司马炎

三国-吴末帝-孙皓

这可跟我没关系啊！这“锅”我可不背！

三国-吴废帝-孙亮

是我。谁叫他擅权独断，阻挡我成为优秀的帝王！

三国-吴大帝-孙权

两晋-东晋元帝-司马睿

治国理政这点事就交给孩子们吧，儿孙自有儿孙福！

三国-吴大帝-孙权

说得也是。

在三国的诸位统治者中，孙权是寿命最长的一位，终年71岁。蜀汉的刘备在63岁时撒手人寰，其子刘禅活到了65岁。吴国的统治者除孙权和活到了42岁的孙皓外，其他人更是短命，孙休30岁因暴病去世，孙亮年仅18岁便离奇去世。曹魏的统治者寿数也极短，只有曹操活到了66岁，曹奂活到了57岁，曹芳活到了43岁，曹丕活到了40岁，曹叡活到了36岁，曹髦年仅20岁便被刺杀身亡。

诸葛亮：三国时期蜀汉丞相，刘备大业未成之时，曾三顾茅庐请诸葛亮出山。诸葛亮一路辅佐刘备成就大业，匡扶汉室。刘备临终时在白帝城（今重庆市境内）将幼帝刘禅托付给诸葛亮。诸葛亮为实现匡扶汉室的大业，兢兢业业，五次北伐，积劳成疾，最终病逝。

诸葛亮死后，刘禅并没有立即为这一两朝元老的功臣立庙祭祀，而是在诸葛亮死后的第二十九年才在沔阳（今陕西省汉中市）为其立庙。民间也因此事频频向皇帝请愿，并私下祭祀诸葛亮。关于刘禅没有立即为诸葛亮立庙的原因存在很多争议。有人认为是刘禅心胸狭隘，对诸葛亮独揽大权生恨；也有人认为是诸葛亮生前的嘱托，切勿为其劳民伤财；还有人认为为臣子立庙是不符合古代礼制的。

诸葛恪：三国时期吴国重臣，诸葛亮之侄。诸葛恪之父诸葛瑾为避乱率领诸葛家族的分支南迁到江东地区，并效力于孙权。诸葛恪年轻之时，深得孙权赏识，并立志要成为像叔父诸葛亮一

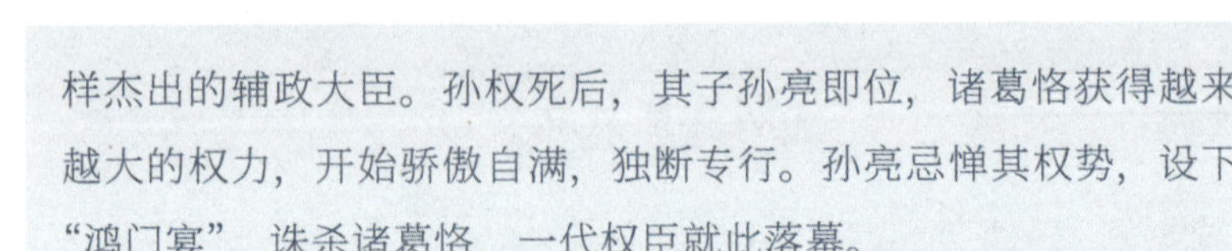

样杰出的辅政大臣。孙权死后，其子孙亮即位，诸葛恪获得越来越大的权力，开始骄傲自满，独断专行。孙亮忌惮其权势，设下“鸿门宴”，诛杀诸葛恪，一代权臣就此落幕。

这拨讨论治国理政的结局不出所料，依旧是不欢而散，还反倒被挖出来不少丑事。皇帝们傲气十足，谁也不服谁。群里看似风平浪静，实际上已经在酝酿下一次的比拼了。比比谁更强的争论一直在路上，从不会停息……

上次的治国理政比拼没能分出胜负，皇帝们纷纷回去反思，觉得还是主题不太适合。比比谁更强的烧脑游戏还在继续，聪明的皇帝们结合三国两晋的时代特色爆出了奇思妙想——比比谁更能打！

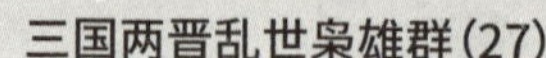

三国两晋乱世枭雄群(27)

两晋-西晋武帝-司马炎

从整体上来看，治国理政每家强！

三国-吴大帝-孙权

可以说是不分上下！

三国-蜀汉昭烈帝-刘备

三国-魏武帝-曹操

上下分不出，那就拿左右比比呗！

两晋-东晋孝武帝-司马曜

左右?左右怎么比呀?

三国-吴废帝-孙亮

我，左右逢源！

三国-蜀汉后主-刘禅

我，左右为难！

三国-吴末帝-孙皓

我，左拥右抱！

三国两晋乱世枭雄群(27)

三国-吴景帝-孙休

三国-魏武帝-曹操

停停停，这都是哪儿跟哪儿呀？

三国-魏文帝-曹丕

我懂了，您想说的是左右的另一层意思——将帅！

三国-魏武帝-曹操

知我者，莫若我儿也！

两晋-西晋惠帝-司马衷

我读书少你别骗我！我记得是以左为尊。

两晋-东晋明帝-司马绍

有点水平，但不多。

三国-魏武帝-曹操

我们三国是以右为尊的，但是到你们两晋就变了。

“左右”在古代可指将帅、侍从。古代军队从征时，将帅乘战车居左，御者即指挥者居中，武官居右。因此，古代对将帅有“左右”的称呼。且一般在古文的语境中，“左右”二字作为一个词语出现时，常指伴随左右的人，即近臣、侍从或护卫者。

在古代，以左或右为尊的原则随朝代变换而发生变动。在夏、商、周、晋（包括春秋战国、南北朝、五代十国）是文官尊左，武将尊右；在秦、唐、宋、明以左为尊；而在汉（包括三国时期）、元、清则是以右为尊。中国古代等级制度严格，朝见君主时，居左或右即为区别尊卑高下的标志之一。

看到曹操又在那儿独自显摆智商，各位皇帝们根本插不进去话，都有点坐不住了。

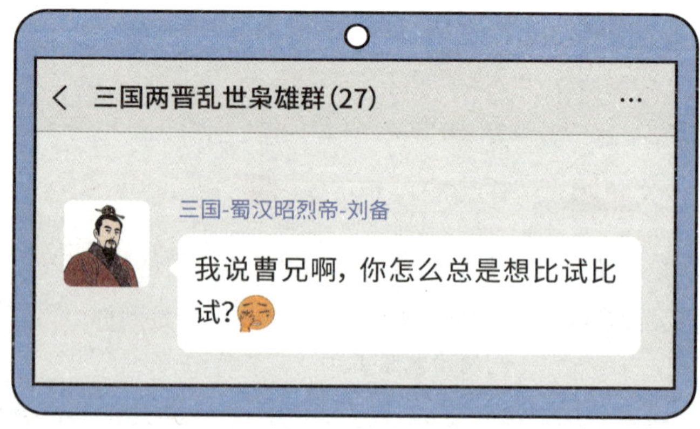

〈 三国两晋乱世枭雄群(27) …

三国-魏元帝-曹奂

没办法，我爷爷实在是有雄才大略，胜率超过80%，战绩可查！

两晋-西晋怀帝-司马炽

人家的左膀右臂确实强大！

三国-魏明帝-曹叡

文臣武将固然重要，但是要想取得胜利，还是得看我爷爷的大招啊！

三国-魏明帝-曹叡

三国-魏武帝-曹操

三国-魏武帝-曹操

既然大家都想听我讲讲这战术大招，那我就开始啦！

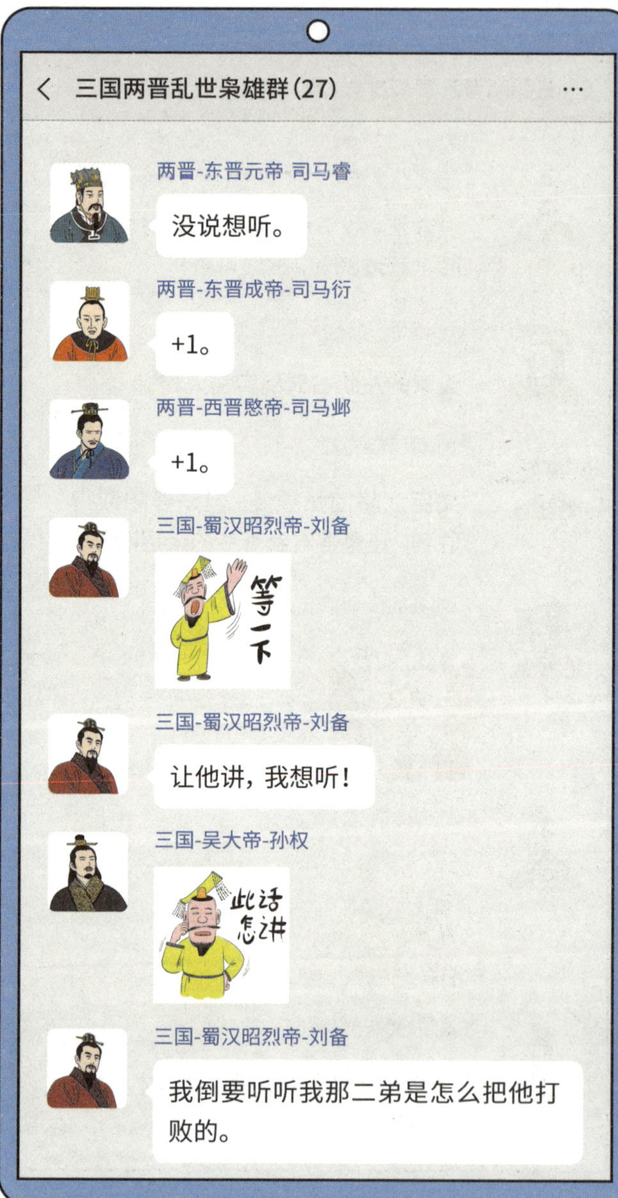
三国两晋乱世枭雄群(27)
两晋-东晋元帝 司马睿
没说想听。
两晋-东晋成帝-司马衍
+1。
两晋-西晋愍帝-司马邺
+1。
三国-蜀汉昭烈帝-刘备
等一下
三国-蜀汉昭烈帝-刘备
让他讲，我想听！
三国-吴大帝-孙权
此话怎讲
三国-蜀汉昭烈帝-刘备
我倒要听听我那二弟是怎么把他打败的。

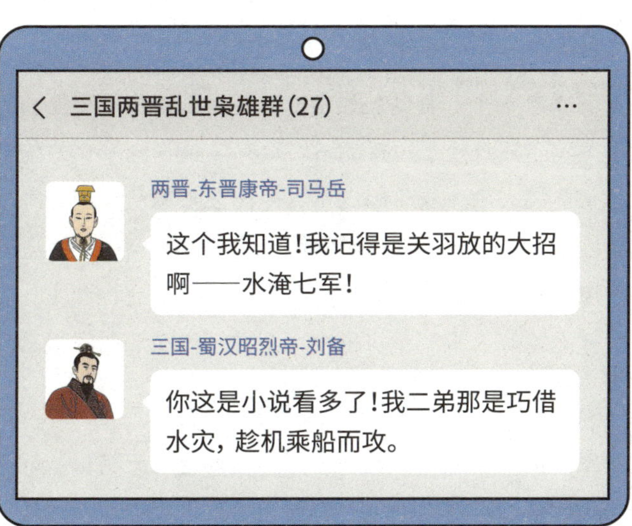

划重点

通过史料可知，曹操的战绩可圈可点，称得上“常胜”也不为过。据统计，曹操一生亲自指挥的战役和战斗共51次，其中胜43次，负8次，胜率超过80%。这在战乱纷繁的三国时代，可以称得上一份惊人的战绩。而同观三国时期的刘备和孙权，不管是在经历战争次数，还是在胜率上，都无法与曹操匹敌。

曹操大业的成就离不开其左膀右臂的支持，文武肱股之臣众多。文臣方面，荀彧为曹操规划战略蓝图，举荐人才；郭嘉足智多谋，在平定北方等战役中屡献奇策。武将方面，夏侯惇深受曹操信任，多次镇守后方；张辽武艺高强且有谋略，合肥之战中以少胜多，威震江东；典韦忠心耿耿，在战场上为保护曹操而死。

这些文臣武将为曹操的霸业奠定了坚实的基础。

关羽水淹七军：襄樊之战中期，曹军派出良将庞德和于禁共同来击关羽，双方处于短暂的对峙时期。恰逢两军交战的襄阳地区下起了连绵大雨，一时间汉水（今汉江）暴涨。而曹军却驻扎在低洼地区，于禁与庞德甚至都没有来得及撤离，部将三万余人全部被汉水泛滥的洪灾所淹没。两人只得登上高地避水，而关羽命令早就准备好的水军趁机进攻。双方经过激烈的对战后，于禁投降，庞德被俘，关羽经此战后威名大振。

《三国演义》对于关羽水淹七军的描写与史料记载的内容有所不同。在《三国演义》中，关羽通过故意决堤放水，成功淹没了曹军的七支军队，生擒了于禁和庞德。然而，在三国正史《三国志》等史书中，关羽并没有故意决堤放水，而是由于八月的大雨导致汉水暴涨，洪水泛滥，最终淹没了于禁的七军。

说起“大招”，皇帝们都跃跃欲试，“潜水”好久的人也都纷纷出来冒泡。

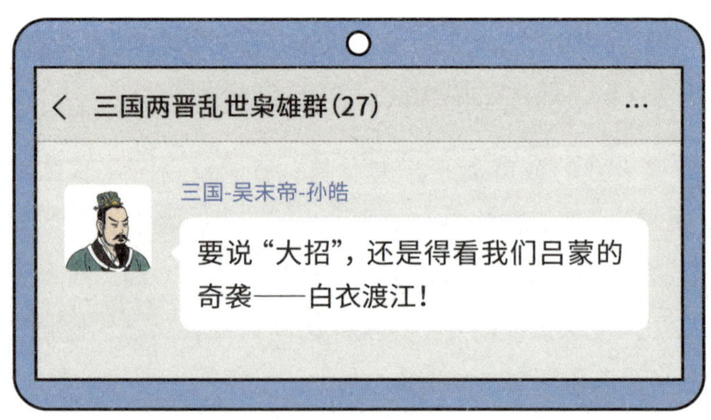

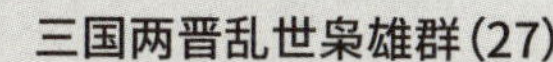

三国-魏明帝-曹叡

让部下都扮成商人的样子也算奇袭?

三国-吴大帝-孙权

三国-魏文帝-曹丕

依我看，只能算作角色扮演！

三国-魏明帝-曹叡

要说奇袭，还是得看我们家的奇袭乌巢！

三国-魏武帝-曹操

想必官渡之战的辉煌大家都早已熟知了，今天这奇袭，让我来讲讲邓艾偷渡阴平！

两晋-东晋穆帝-司马聃

三国两晋乱世枭雄群(27)
三国-蜀汉昭烈帝-刘备
停停停！
三国-蜀汉昭烈帝-刘备
等一下
三国-蜀汉昭烈帝-刘备
你们这不是放火，就是偷渡的，也好意思开大讲堂？
两晋-东晋哀帝-司马丕
楼上说得对
三国-吴大帝-孙权
你要是这么比，我可就不困了，那荆州什么时候还给我呀？
三国-蜀汉昭烈帝-刘备
咳咳，这个以后再说。

吕蒙奇袭，白衣渡江：蜀汉在轻信孙刘联盟坚固的情况下，以关羽为大将发动了针对曹魏的襄樊之战。襄樊之战后期，孙权背弃孙刘联盟，一心想要取回荆州，于是派大将吕蒙袭击荆州。吕蒙采取奇袭战术，让士兵身着白衣，扮成商人的样子沿着长江进发，一路躲过关羽的巡哨成功渡江，后与陆逊配合，切断关羽的退路。关羽退守麦城（今湖北省当阳市），最终被吕蒙擒获，关羽及其子关平被斩首。

曹操奇袭乌巢：官渡之战进入僵持阶段，曹操采纳许攸的建议，亲率五千精锐步骑，假借袁军的旗号，趁夜从小路疾行奔赴乌巢。曹军抵达后迅速包围袁军粮草大营，放火烧粮。袁绍得知乌巢遇袭，却未全力救援，命主力仍攻打曹营。乌巢守将淳于琼仓促应战，曹军攻势猛烈，粮草熊熊燃烧，火光冲天。曹操最终大破乌巢，扭转战局。

邓艾偷渡阴平：三国时期魏灭蜀之战中的关键军事行动。曹魏景元四年（263年），邓艾率领魏军在蜀汉防守空虚的阴平（今甘肃省陇南市）小道偷渡。这条小道崎岖难行，邓艾身先士卒，克服重重困难，出其不意地直捣蜀汉腹地，迫使刘禅投降，蜀汉灭亡。邓艾在这次行动中展现了卓越的军事谋略与果敢的行动能力，这一战役也成为军事史上的经典战例。

刘备曾以土地不足，难以发展为由，向孙权借了荆州南郡。孙权也为与刘备联合对抗曹操，答应了他的要求。刘备久占荆州南郡不放，孙权经过多次讨要失败后，逐渐与刘备生出嫌隙。在襄樊之战中期，孙权决定趁关羽奔赴樊城，荆州空虚之机，破坏孙刘联盟，派大将吕蒙擒获关羽，夺回荆州。在襄樊之战战败后，刘备为保护蜀地不受孙权和曹操的双重夹击，选择与吴国妥协。双方划定以湘水为界，分荆州的江夏郡、长沙郡、桂阳郡给孙权，留有荆州的南郡、零陵郡、武陵郡之地。

刘备没想到说着说着竟然给自己挖了个坑，差点没把当年借荆州一事捅出来。儿子刘禅急忙接回话茬儿，在父亲和众人面前成功展示了转移话题战术。

〈 三国两晋乱世枭雄群(27) …

三国-蜀汉后主-刘禅

还是我来说吧——奇门遁甲!

两晋-西晋惠帝-司马衷

哦?没想到禅兄还有这等本事。

三国-蜀汉后主-刘禅

不不不,我可学不了一点。

两晋-东晋废帝-司马奕

那你这奇门遁甲的大招从何而来呀?

三国-蜀汉后主-刘禅

俗话说得好:在家靠父母,出门靠相父嘛。

三国-蜀汉昭烈帝-刘备

三国-吴大帝-孙权

孔明虽好,可不要过度迷信哦。

三国两晋乱世枭雄群(27)

两晋-东晋简文帝-司马昱

你们老提的孔明，就是借东风那位？

三国-吴末帝-孙皓

诶！不要乱讲！

三国-魏高贵乡公-曹髦

三国-吴末帝-孙皓

因为真正借东风的人其实是周瑜。
我要为周瑜发声！

两晋-东晋简文帝-司马昱

《三国演义》里不都是这么写的吗？

三国-魏邵陵厉公-曹芳

奇门遁甲：一种古老的中国术数学说，用于预测未来、避免灾祸等。“奇门”指的是吉凶方位和事物发展状态的八门，“遁甲”则是对天干地支、阴阳五行等理论的运用。奇门遁甲是数代先辈共同创造的结果，其包含了哲学、历法学、天文学、战争学、谋略学等各种学问，是一门传统珍贵的文化遗产。

诸葛亮善用奇门遁甲，他曾用奇门遁甲和阵法推演制作出八阵图。八阵图主要是为步兵排兵布阵，以更有效地抵挡骑兵。当时蜀汉地处今天的四川、云贵地区，诸葛亮北伐需要跨过层层山脉，因此其军队主力为步兵。但敌方军队多为骑兵，与步兵相比具有天生的优势。为此诸葛亮推演出八阵图，希望以优良的阵法为步兵加持力量。但史书上并未对其应用做详细记载，《三国演义》中诸葛亮运用八阵图困住陆逊的十万追兵，这一事件在历史上是不存在的。

《三国演义》中诸葛亮施法巧借东风，火烧曹军船只，这一事件在历史上是不存在的。据史书记载，火烧赤壁的真正操作者其实是吴国名将周瑜。另外，所谓的“借东风”，不过是长江上的湖陆风，属于自然现象，并非“施法”而来。赤壁之战时，周瑜采取部下黄盖的建议，在靠近曹军船只时采取火攻对策，而恰巧当时长江上的湖陆风吹向曹军方向，为此火势一发不可收拾，最终曹操大败。

果然，这奇招怪法真是玄而又玄，全然不可信，还是科学靠谱。这不，风向转变，大家又谈论起科学了。

三国两晋乱世枭雄群(27)

两晋-东晋元帝-司马睿

依我看，“借”这一字用得不准确。

两晋-西晋愍帝-司马邺

怎么?你们东晋也对东风颇有研究?

两晋-东晋孝武帝-司马曜

那倒不是，只是我们东晋有一个明星人物，同样精通奇门遁甲。

三国-魏武帝-曹操

来吧展示

两晋-东晋孝武帝-司马曜

他，可谓是文理皆通的高才生。

两晋-东晋恭帝-司马德文

他，通医理、懂化学、知方术。

三国两晋乱世枭雄群(27)

两晋-西晋惠帝-司马衷

谁啊，谁啊！听起来好厉害的样子！

三国-吴末帝-孙皓

居然懂科学！

三国-吴末帝-孙皓

两晋-东晋安帝-司马德宗

他就是抱朴子。

两晋-西晋惠帝-司马衷

好神奇啊！还会神仙方术，那是不是会炼长生不老丹呐？

两晋-东晋孝武帝-司马曜

那是那是！

两晋-西晋惠帝-司马衷

好想拥有！

三国两晋乱世枭雄群(27)
两晋-东晋哀帝-司马丕
诶!我就是痴迷炼丹术，才与这美丽的世界拜拜的。
两晋-东晋哀帝-司马丕
宝宝心里苦
两晋-东晋废帝-司马奕
确实，要不是您这样，我还不能登基呢。
两晋-西晋武帝-司马炎
贵家族真乱啊!
两晋-东晋元帝-司马睿
这话说得，就像你们西晋不乱似的!
两晋-西晋武帝-司马炎
光速消失

划重点

抱朴子：东晋时期的道教学者，精通奇门遁甲，又有着炼丹家、医学家、科学家等多重身份。抱朴子将早期的道教神仙理论加以总结成书，并以自己的名字将其命名为《抱朴子》。在书中，他崇信炼制和服用金丹以长生成仙，并主要探究入山修炼的最佳时间和方位。他长期从事炼丹实验，成为史上著名的炼丹家。

东晋哀帝司马丕喜欢追求长生不老之术，并长期按照道士传授的长生法服用丹药。他还曾一度药性大发，不能理政。司马丕年仅25岁便去世了，不少学者猜测其长期过量服用丹药而中毒身亡。

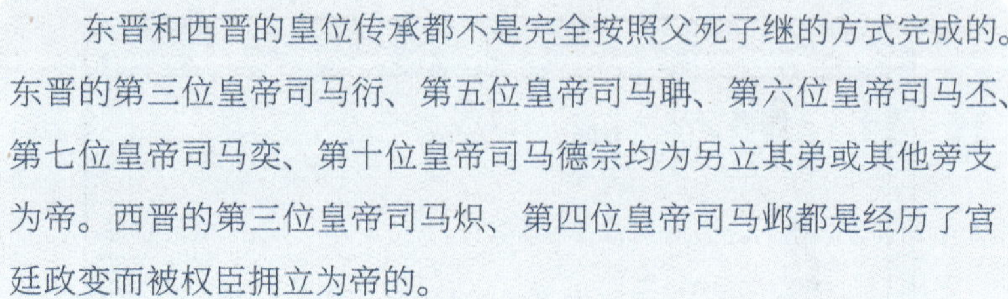

东晋和西晋的皇位传承都不是完全按照父死子继的方式完成的。东晋的第三位皇帝司马衍、第五位皇帝司马聃、第六位皇帝司马丕、第七位皇帝司马奕、第十位皇帝司马德宗均为另立其弟或其他旁支为帝。西晋的第三位皇帝司马炽、第四位皇帝司马邺都是经历了宫廷政变而被权臣拥立为帝的。

在一番激烈的争吵中，战术大招讲堂暂时告一段落。皇帝们听了一圈还是觉得自家力量不够，不足以拿出来显摆一圈。于是各家决定回去沉淀，争取下次以理服人！

四

进出口博览会

万里晴空的一天，曹操翻出压箱底的宝贝晒晒太阳，脑海中突然蹦出一个大胆的想法：这么好的宝贝不拿出去炫耀一圈，真是蒙尘了！正愁最近没有话题和老兄弟们聊天，干脆举办一个三国两晋进出口博览会，将各家的宝贝都拉出来遛遛！

三国两晋乱世枭雄群(27)

三国-魏武帝-曹操

这么多次比拼，居然都没有分出来胜负！

三国-蜀汉昭烈帝-刘备

也能理解，毕竟大家都认为自家才是最厉害的！

两晋-西晋武帝-司马炎

三国-魏文帝-曹丕

@所有人 三国两晋进出口博览会将于本群线上举行，欢迎各位积极参加！

三国-魏武帝-曹操

大家手里都有什么宝贝，快拿出来晒晒吧！

三国-魏武帝-曹操

我提议，打头阵的必须是我们的群吉祥物“坞堡”！

三国两晋乱世枭雄群(27)

两晋-东晋元帝-司马睿

三国-魏武帝-曹操

这可是我们这个时代的特色建筑。

三国-蜀汉昭烈帝-刘备

确实是个好东西！

三国-吴大帝-孙权

坞堡在战乱时帮了我们不少忙啊！

三国-蜀汉后主-刘禅

牢固的城墙，安心睡！

三国-魏明帝-曹叡

自家种的有机菜，放心吃！

两晋-西晋惠帝-司马衷

专人保护，开心玩！

两晋-东晋元帝-司马睿

这个必须展示！

坞堡：又称坞壁，是一种盛行于三国两晋时期的民间防卫性建筑。时值乱世，战争频繁，地方豪强为求自保，纷纷修筑高墙深壕的坞堡，形成独立武装据点。这些坞堡不仅具备箭楼、壕沟等防御设施，更成为军阀收编的重要兵源，曹魏名将许褚、李典等均出身于此。坞堡内部实行部曲制管理，成员兼具农民与士兵双重身份，战时闭堡自守，形成严密的军事自治单元，如田畴在徐无山坞堡建立的军事化管理体系，成为乱世中维持地方武装秩序的重要模式。

三国两晋进出口博览会开始，各家开始大显神通！

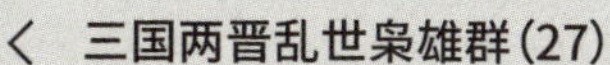

< 三国两晋乱世枭雄群(27) …

三国-魏文帝-曹丕

请看我们魏国的翻车！

两晋-西晋怀帝-司马炽

什么?都翻车了，还展示呢！

三国-魏文帝-曹丕

三国-魏邵陵厉公-曹芳

翻车，是我们魏国的农业工具，很神奇的！

三国-魏高贵乡公-曹髦

可灌溉，可排涝，“关中丰实”全靠它呢！

三国-魏高贵乡公-曹髦

三国两晋乱世枭雄群(27)

三国-吴大帝-孙权

听起来就很不错，我们吴国打算进口一下！

三国-魏武帝-曹操

别猴子学走路，假惺惺了！

三国-魏文帝-曹丕

就是就是，上次把我们的农业基地“芍陂”袭击了，谁知道这次又能干出什么！

三国-吴大帝-孙权

两晋-东晋明帝-司马绍

这翻车是不错啊，粮食产量都提升了。

两晋-东晋孝武帝-司马曜

可不嘛，魏国都有余粮做“一合酥”了。

两晋-西晋惠帝-司马衷

“一合酥”是什么？

〈 三国两晋乱世枭雄群(27) …

两晋-东晋成帝-司马衍

就是传说中的“一人一口酥”吗?

两晋-西晋武帝-司马炎

听说因为大臣分析了这个名字，曹操多疑的毛病又犯了。

三国-蜀汉昭烈帝-刘备

所以不可以随意揣度曹兄的心思哦，否则你就会被盯上。

三国-魏武帝-曹操

两晋-西晋愍帝-司马邺

如此好物，可得进口到我西晋的五谷市!

两晋-西晋惠帝-司马衷

翻车：一种机械提水工具，是世界上出现最早、流传最久远的农用水车。最早由东汉的毕岚发明，曹魏时，经过马钧改制的翻车可用于灌溉，亦可排涝。翻车的普及使北方的农业生产有所发展，史称当时为“关中丰实”，与汉末之凄凉形成了强烈的对比。

芍陂（què bēi）之战：吴国进攻曹魏“芍陂”的一次战役。芍陂（今安徽省寿县南）是由春秋时期楚相孙叔敖主持修建的一处水利工程。曹魏曾多次修治芍陂以灌溉稻田，并成为魏国在淮南地区的屯田基地，这让吴国颇感压力。赤乌四年（241年）四月，吴国对芍陂进行了袭击，附近的屯田农业设施遭到不同程度的破坏。

塞北向曹操进贡一盒酥饼，曹操亲自在盒子上写下“一合酥”，将之置于案头。大臣杨修看到后，竟然与众人分食。曹操问他原因，杨修回答：“盒上写着‘一人一口酥’，岂敢违背丞相的命令？”曹操听后大笑，但因为杨修擅自揣度自己的想法，内心已对杨修生厌。现在的“一合酥”也叫“曹操贡酥”，是河南省许昌市的特产。

五谷市：西晋在洛阳设置的专门从事粮食交易的场所。西晋时，农业生产在社会经济中占据重要地位，粮食交易频繁，于是形成了专门的五谷市。这些市场集中售卖各类谷物，如粟、黍、麦、稻、菽等，满足了城乡居民的生活需求。

最初只是想拿出自家的宝贝晒晒，没想到还能出现商机，曹家赶忙推销自家的东西，争取赚上一笔。

三国两晋乱世枭雄群(27)

三国-魏武帝-曹操

我们魏国的“百炼钢”技术也是响当当呢！

三国-魏元帝-曹奂

走过路过不要错过啊！

三国-魏武帝-曹操

看看我们改良的鱼鳞甲，多么坚固！

三国-魏武帝-曹操

三国-蜀汉后主-刘禅

技术这么好，怎么没见你们改革货币呢？

三国-蜀汉昭烈帝-刘备

看看我们的“直百五铢”，多么精美！

三国-吴大帝-孙权

看看我们的“大泉五百”，轻如鸿毛！

三国两晋乱世枭雄群(27)

三国-魏文帝-曹丕

有什么用啊，最后不还是用不下去，都得卖破烂。

三国-蜀汉昭烈帝-刘备

三国-魏武帝-曹操

还是老祖宗传下来的五铢钱好用！

三国-魏文帝-曹丕

三国-吴大帝-孙权

咳咳，说点别的。

两晋-西晋武帝-司马炎

说起炼钢，我们西晋才是鼻祖！

两晋-西晋惠帝-司马衷

灌钢法无人能敌！

划重点

曹魏的冶铁手工业相当发达，不仅为屯田提供了大量优质的铁制农具，还通过改进炼铁和炼钢技术，广泛应用于军事生产中。“百炼钢”技术也在曹魏时期得到进一步发展。曹魏制造出的坚固铠甲，如鱼鳞甲，使士兵在战场上的生存能力得到增强，大大提高了战斗力。

三国时期，各国纷纷开始实施货币改革。蜀汉首创“直百五铢”，吴国推出“大泉五百”，而曹魏则坚守传统，仍沿用汉武帝时期的“五铢钱”，后世称“魏五铢”。蜀汉与吴国的货币后来都因虚值过高、贬值严重而早早退出市场。曹魏一直使用五铢钱，顺应传统货币文化，因而经济始终保持稳定。

灌钢法：中国早期炼钢技术一项最突出的成就。与传统的炼钢方法相比，灌钢技术能够有效提高钢的质量，适合用于制造各种复杂的工具和兵器。西晋通过改进灌钢技术，大大提高了兵器的质量，使刀剑更加锋利、坚韧，增强了西晋军队的战斗力。

风水轮流转，这么好的商机可不能让它跑了。蜀汉的刘家也找到了自家的宝贝，拿来展示一番。

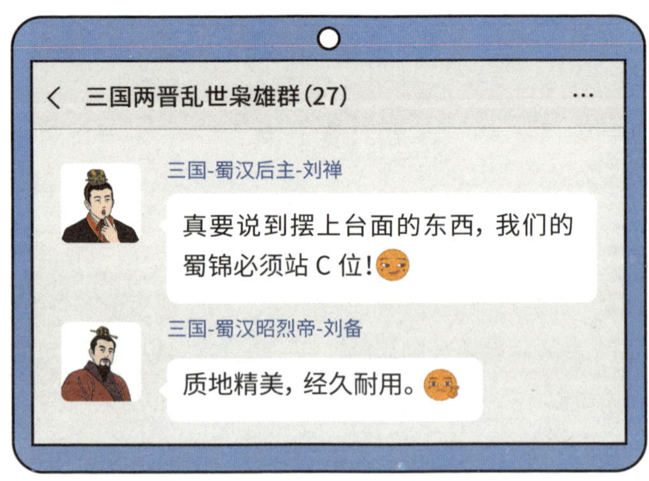

三国两晋乱世枭雄群(27)

三国-蜀汉后主-刘禅

上得厅堂，下得厨房！

三国-蜀汉昭烈帝-刘备

而且还远销海外，外国人都赞不绝口呢！

三国-蜀汉后主-刘禅

两晋-西晋武帝-司马炎

听起来真不错，来一单！

两晋-东晋康帝-司马岳

给我也来一单！

三国-蜀汉后主-刘禅

老板大气！

两晋-东晋穆帝-司马聃

蜀锦确实精美，这还要多亏了诸葛亮的苦心经营。

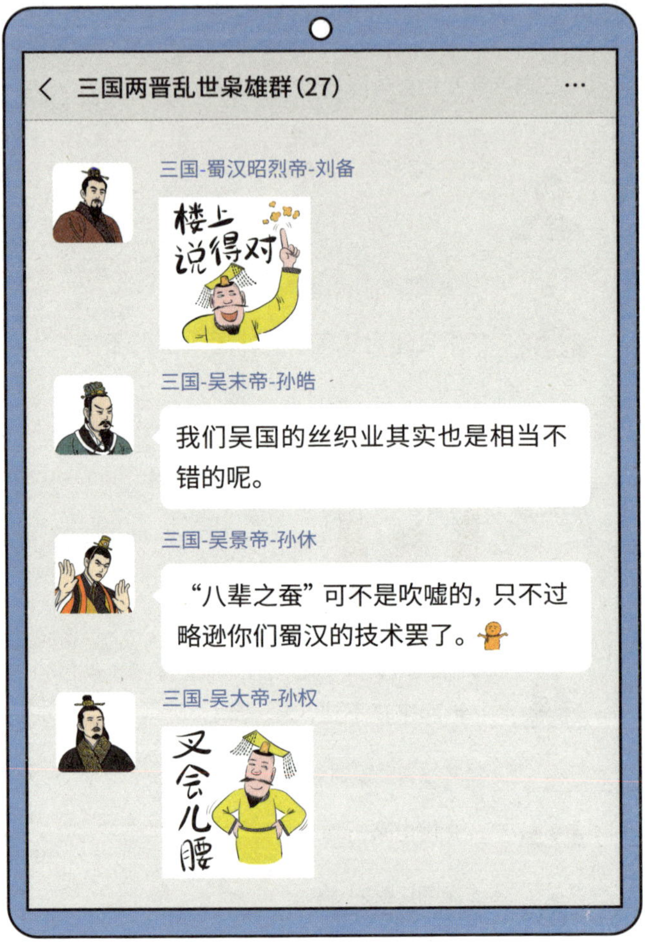

三国两晋乱世枭雄群(27)

三国-蜀汉昭烈帝-刘备

楼上说得对

三国-吴末帝-孙皓

我们吴国的丝织业其实也是相当不错的呢。

三国-吴景帝-孙休

“八辈之蚕”可不是吹嘘的，只不过略逊你们蜀汉的技术罢了。

三国-吴大帝-孙权

叉会儿腰

蜀锦：三国时期蜀汉在蜀郡（今四川成都一带）所产的特色锦。

蜀锦成为三国时期蜀汉手工业的一大特色，不仅销往吴、魏，甚至已传至日本、东南亚和中亚地区，成为国际性商品。蜀锦距今已有两千年的历史，是中国国家地理标志产品。

诸葛亮大力发展蜀锦行业，设立专门管理的“锦官”，还另外设立了锦城，负责蜀锦的生产与调拨。在诸葛亮的领导下，蜀汉出产了大量的蜀锦。诸葛亮还将这些价格不菲的蜀锦当作礼品赠送给当时的世家大族，用以收买人心。比如曹魏的曹洪、何晏，吴国的潘璋、吕范、步骘等人，都是蜀锦爱好者。

八辈之蚕：也称八辈蚕、八茧蚕。这种蚕一年内可以出茧八次，因此而得名。其具体品种包括炕珍蚕、柘蚕、肮蚕、爱珍、爱蚕、寒珍、四出蚕和寒蚕等。八辈之蚕是由三国时期的吴国培育出来的，说明吴国的江南丝织业已有了相当的发展。

各家越说越起劲，皇帝们纷纷转变身份，当起了大老板。平淡之物渐渐入不了各位老板的法眼，奇门怪物纷纷开始登台。

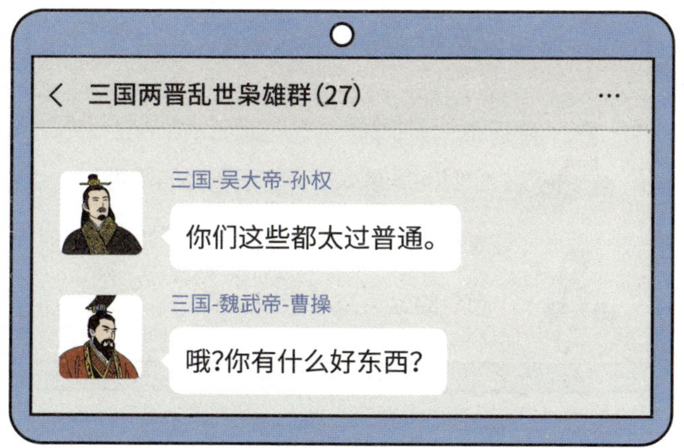

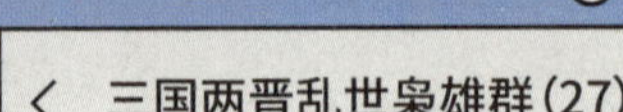

两晋-东晋哀帝-司马丕

三国-吴大帝-孙权

把我的坐骑“飞云”“盖海”请出来！

两晋-东晋废帝-司马奕

那是什么！

三国-吴末帝-孙皓

那是我爷爷的御舟！相当壮观！

两晋-东晋简文帝-司马昱

三国-吴大帝-孙权

你们的屏幕太小，放不下我的御舟！

三国-吴末帝-孙皓

想看的话可以移步朋友圈。

三国两晋乱世枭雄群(27)

两晋-西晋惠帝-司马衷

听起来好厉害呀，爸爸，我也想要！

两晋-西晋武帝-司马炎

两晋-西晋武帝-司马炎

来一艘看看样子！

三国-吴末帝-孙皓

老板大气！

三国-吴大帝-孙权

还有我们的青瓷，那可是闻名世界的好东西！

两晋-东晋安帝-司马德宗

两晋-西晋武帝-司马炎

这个屏幕能装得下吧？

造船业是吴国最发达的手工业，独步领先世界。吴国所造的船只除常见的船种外，还出现了形体更加高大的楼船。其建造的战船最大的有上下五层，可载三千名战士。孙权的御舟“飞云”“盖海”则更是壮观。正是由于造船业的发达，吴国的水军在三国中是最训练有素的，这也是吴国能立国几十年的关键所在。

青瓷制造技术在吴国时期已发展得较为成熟。相较于汉代的

彩陶工艺，吴国青瓷在胎质、釉色、纹饰及烧制技术等方面均有显著进步，整体工艺水平趋于完善，其中青瓷的制作技术尤为突出。在当时的众多窑场中，越窑以其规模最大、质量最优而著称，所产青瓷闻名于世。这一时期，越窑的生产达到了吴国青瓷发展的第一个高峰期。

越窑青瓷方格盒：出土于三国时期吴国大将朱然墓，朱然墓的发掘被列为二十世纪八十年代中国十大考古发现之一。这件青瓷呈长方形，分两层，上层划分成多个小方格，还配有勺子，宛如现代的便当盒。每个网格都刻有圣兽，制作十分精致。它反映了三国时期越窑青瓷的高超烧制技艺，具有较高的历史文化价值。

瓷器可是个各家都有的好东西，但各家的风格却大为不同，来看看各位卖家都是怎么宣传的吧。

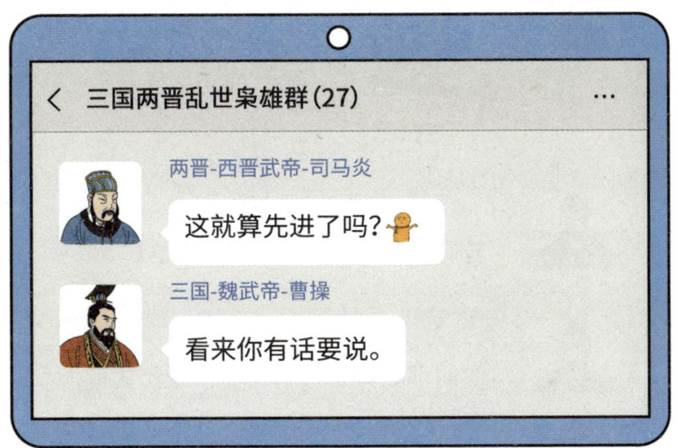

三国两晋乱世枭雄群(27)

三国-魏武帝-曹操

两晋-西晋武帝-司马炎

话说“瓷”这个字还是我们西晋人发明的呢。

两晋-西晋愍帝-司马邺

显摆了这么久，都不知道人家叫什么呢吧！

三国-吴大帝-孙权

两晋-东晋元帝-司马睿

我们东晋的青瓷也不是吃素的！

三国-蜀汉后主-刘禅

你们都素成那个样子了，还不是吃素的呢！

三国两晋乱世枭雄群(27)
三国-蜀汉后主-刘禅
离了个大谱
两晋-东晋孝武帝-司马曜
那叫简约风，时尚！
两晋-东晋元帝-司马睿
况且我们不只素雅，还用了点科技！
两晋-东晋孝武帝-司马曜
没错，用铁的化学反应做出的“褐彩”，相当漂亮！
两晋-西晋武帝-司马炎
原来如此
两晋-西晋武帝-司马炎
给我来一车，看看款式！

中国古代瓷器的起源可追溯至商代的原始瓷器，至今已有三千多年的历史。然而在文献记载中，“瓷”字出现的时间相对较晚。根据现有研究推测，“瓷”字最早可能见于西晋时期，如吕忱所著《字林》及部分文学作品中已有记载。这一现象表明，虽然瓷器制作工艺早已存在，但“瓷”作为专有名词的定型使用却经历了一个逐步发展的过程。

东晋青瓷在整体工艺上与西晋相近，但在装饰风格上差异显著。西晋青瓷以繁复华丽的纹饰为特点，而东晋则转向简朴风格，多数器物表面呈现光素无纹的审美特征。这一时期最具特色的装饰手法是“褐彩”工艺——以铁为呈色剂的彩料在瓷面书写文字或绘制纹样，通过控制铁料用量可呈现褐、赤褐至暗褐的渐变色调。这一创新技法不仅成为东晋青瓷的典型特征，更为后世唐、五代时期的瓷器装饰奠定了基础。

愉快的采购日结束了，各位皇帝们满载而归，都迫不及待地回去欣赏一下得之不易的进口货了。估计还得顺便研究一下技术，争取把进口货变成出口货！

五 这拨是高雅局

皇帝们的退休生活可谓是轻松自在，但一生走高端路线的他们，总觉得一天除了吃吃喝喝，还需要和老伙计们有些仪式感。虽然是线上聊天，但也不能降低生活品质，这样才配得上皇帝的身份。这不，大家在群里准备开一个高雅局，陶冶一下情操。

三国两晋乱世枭雄群(27)

三国-魏武帝-曹操

酒足饭饱的生活很是无聊啊！

三国-蜀汉昭烈帝-刘备

两晋-西晋武帝-司马炎

是啊是啊，不如展示一下我们高雅的一面。🌹

三国-魏文帝-曹丕

我们三国两晋虽说是战乱多，但是不乱的时候还是很高雅的。

三国-魏明帝-曹叡

说起高雅，咱们魏晋风骨必须一马当先！

三国-魏武帝-曹操

三国两晋乱世枭雄群(27)

三国-魏文帝-曹丕

没错!我们曹氏父子就是这马头!

两晋-西晋愍帝-司马邺

真是不讲武德，你们把其他男团放在哪儿了?

三国-吴废帝-孙亮

就是，要说魏晋风骨的鼻祖，还得是“建安七子”天团!

三国-吴废帝-孙亮

两晋-东晋孝武帝-司马曜

那确实，年纪在那儿摆着呢，鼻祖确实服。

两晋-东晋明帝-司马绍

但是我们“竹林七贤”天团也不是吃素的!

魏晋风骨：魏晋时期文人所具有的一种独特的精神风貌与文学风格，表现为崇尚自然、追求自由、蔑视礼法。魏晋风骨的代表人物有曹氏父子、建安七子、竹林七贤等。这些人的文学作品多具有意境宏大、笔调朗畅、慷慨悲凉的特点。

建安七子：东汉献帝建安年间的七位文学家，包括孔融、陈琳、王粲（càn）、徐干、阮瑀、应玚（yáng）及刘桢。他们的作品慷慨悲凉，多反映战乱和民生疾苦，抒发渴望建功立业的抱负，具有鲜明的个性与时代特征。他们有许多脍炙人口的诗句，如王粲《登楼赋》中的“凭轩槛以遥望兮，向北风而开襟”；徐干《室思》中的“思君如流水，何有穷已时”等流传至今。

竹林七贤：魏晋时期的七位名士，包括嵇康、阮籍、山涛、向秀、刘伶、王戎及阮咸。他们常聚于山阳竹林之下，肆意酣畅，共谈玄理，饮酒作乐，因此得名“竹林七贤”。这七人性格各异，却都有着不拘礼法、追求自由的精神，以放诞言行对抗当时的司马氏政权与虚伪名教。其中，嵇康以《与山巨源绝交书》直斥礼法束缚；阮籍八十二首《咏怀诗》以隐晦笔法抒写乱世忧思；向秀的《思旧赋》以“听鸣笛之慷慨”悼念嵇康，成为骈赋绝唱；刘伶《酒德颂》将饮酒升华为精神自由的宣言。七贤的文学创作与特立独行的生活方式，共同构成了独特的“魏晋风骨”。

提起“竹林七贤”，这可是个明星天团，大家八卦的心瞬间燃起。

三国两晋乱世枭雄群(27)

三国-魏邵陵厉公-曹芳

你们“竹林七贤”天团确实不是吃素的，因为都是喝酒的啊！

两晋-西晋惠帝-司马衷

三国-吴末帝-孙皓

听说杜康美酒让刘伶醉生梦死啦！

三国-魏高贵乡公-曹髦

听说刘伶边喝边让人带铁锹跟随，随时准备埋了他！

三国-蜀汉后主-刘禅

听说阮籍为躲避政治联姻，大醉六十日！

两晋-西晋怀帝-司马炽

三国两晋乱世枭雄群(27) 

两晋-东晋成帝-司马衍

这是情操，懂不！

两晋-东晋元帝-司马睿

情操我不懂，但是嵇康的一曲《广陵散》深得我心呐，可惜被司马昭处死，让人惋惜啊！

三国-魏元帝-曹奂

看看你们司马家族对竹林七贤干的好事！

三国-魏元帝-曹奂

两晋-西晋武帝-司马炎

我们家怎么了?我对山涛可是诚心诚意的！

三国-魏明帝-曹叡

算你们有点良心，山涛可是个廉洁的好官呐！

杜康美酒醉刘伶：传说中的杜康酒香飘万里，刘伶本就嗜酒如命，闻香而至。他端起酒杯，轻抿一口，顿时觉得醇厚甘美。刘伶一杯接一杯，很快便醉倒在地。传说刘伶这一醉，便是三年。待他醒来，不仅毫无宿醉之苦，反而神清气爽，仿佛脱胎换骨。这一故事夸张地展现出杜康酒的醇厚甘美，也凸显了刘伶嗜酒如命的形象。

刘伶常乘鹿车，携一壶酒，让人扛着铁锹跟在后面，还说“死便埋我”。传说刘伶好饮酒，也极能饮酒，酒量之大，举世无双。后世还以刘伶为蓝本，演绎了评剧《刘伶醉酒》。刘伶的这种行为体现出他狂傲放诞、达观生死的态度，也展现了魏晋名士不拘礼法、追求精神自由的独特风貌。

阮籍醉酒避亲：司马昭为巩固权力，欲与阮籍联姻。阮籍深知卷入政治联姻的风险，却又不敢公然拒绝司马昭。于是，他选择以醉酒为计，连续大醉六十日。期间，司马昭多次派人提亲，都因他酩酊大醉而无法谈及此事。最终，司马昭无奈放弃，阮籍借此巧妙避开了政治旋涡，尽显其在复杂政治环境下的睿智与洒脱。

《广陵散》：中国古代著名的古琴曲。魏晋时期竹林七贤之一嵇康曾以善于弹奏此曲闻名。嵇康因得罪司马氏集团而被判处死刑，行刑当日，他最后一次弹奏《广陵散》，随后从容就义。世人皆惋惜，《广陵散》将成为绝响。时人认为，《广陵散》失传及嵇康之死象征着魏晋风骨中一种高洁精神的消逝，令古今文人墨客扼腕叹息。

西晋时期，山涛担任吏部尚书，负责官员选拔。他为官清廉，秉持公正。当时官场贿赂之风盛行，有人为谋官职，给他送来百斤真丝。山涛不愿坏风气，又不想太驳人面子，便收下后悬于梁上。后来此人因罪被查，山涛取出原封未动的真丝，上面布满灰尘。山涛这一举动既坚守了原则，又展现了处世智慧，被后世传为美谈。

没想到如此高雅之士也有这样的风流趣事，皇帝们真是开了眼界。但传闻虽如此，这群高雅之士还是有真本事在身上的，皇帝们就想见识一下这些特别的东西。

三国两晋乱世枭雄群(27)
三国-魏文帝-曹丕
来啦
来啦
两晋-西晋惠帝-司马衷
玄学!听起来好厉害的样子!
三国-魏明帝-曹叡
说到玄学,我们魏国可是鼻祖!
三国-魏邵陵厉公-曹芳
没错,“正始”之名可不是白叫的!
两晋-东晋元帝-司马睿
的确不是白叫的,是我们的史家袁宏先叫的。
两晋-东晋元帝-司马睿
叉会儿腰

三国两晋乱世枭雄群(27)

三国-魏元帝-曹奂

好冷的笑话啊。

两晋-东晋废帝-司马奕

是啊，像“四聪八达”的心一样冷！

三国-魏明帝-曹叡

是他们有错在先！我不过是为了整肃风气嘛。

两晋-东晋哀帝-司马丕

风气有没有变好不清楚，“太和浮华案”的名气一定是传开了！

三国-魏文帝-曹丕

逆子！

三国-魏明帝-曹叡

三国-魏文帝-曹丕

不过话又说回来，跟当年的“党锢之祸”比，简直是小巫见大巫。

三国两晋乱世枭雄群(27)
三国-魏文帝-曹丕
格局打开
三国-蜀汉昭烈帝-刘备
话再说回去，你们魏国动不动就打仗，信玄学的当然就多了。
三国-魏明帝-曹叡
这简直就是污蔑！
两晋-东晋安帝-司马德宗
吃瓜
三国-魏武帝-曹操
棺材板压不住了
三国-魏高贵乡公-曹髦
这简直就是造谣！

划重点

玄学的发展经历了不同阶段，东晋史家袁宏将其划分为三个时期：曹魏初期的正始玄学，以夏侯玄、何晏、王弼为代表；曹魏后期的竹林玄学，以竹林七贤为代表；西晋时期的西晋玄学，以裴頠（wěi）、郭象为代表。当代学者也基本上承认这一划法，但同时认为东晋时期也应自成一个阶段。

四聪八达：曹魏时期的一批名士，核心人物有诸葛诞、夏侯玄、邓飏（yáng）等。他们以清谈玄理、互相标榜、结党评议朝政而闻名。这个称号带有贬义，是当时统治者（主要是魏明帝曹叡）和反对者对他们结党浮华、干预时政行为的批评。魏明帝曾两次下诏斥责并打击“浮华”结党，罢黜诸葛诞、邓飏等人的官职，禁止他们担任实职，史称“太和浮华案”。这一事件在一定程度上遏制了当时的浮华之风，也改变了部分士族子弟的命运与政治格局。

党锢之祸：东汉末年发生的重大政治事件。东汉桓帝、灵帝时，士大夫、贵族等对宦官乱政不满，与宦官集团发生激烈冲突。宦官集团以“党人”罪名禁锢士人，将大批官员逮捕、禁锢甚至杀害。“太和浮华案”与“党锢之祸”都是打击名士、禁止名士参与政治的事件，但是“太和浮华案”没有发生大规模的流血和讼狱，因此相对温和。

以前只听过玄学，却没有这样深入地了解过，看来各家真是卧虎藏龙啊！说了这么多，肯定还有人不服，这不，群里又有人玩花样了。

三国两晋乱世枭雄群(27)
三国-吴大帝-孙权
给你们看点外国货！
三国-魏明帝-曹叡
来吧
展示
三国-吴景帝-孙休
佛教，听过吗？
两晋-东晋简文帝-司马昱
当然，我们东晋的皇帝可都是佛教的忠实粉丝！🙏🙏🙏
两晋-东晋孝武帝-司马曜
在你们吴国可没有这待遇吧！
两晋-东晋孝武帝-司马曜
我就
笑笑
不说话

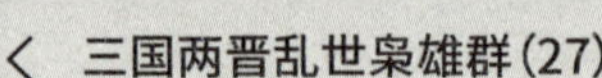

三国-吴末帝-孙皓

怎么没有，我爷爷还亲手打造了建初寺！🙏🙏🙏

三国-吴大帝-孙权

我母亲还建造了禅悦寺！

三国-吴大帝-孙权

三国-魏文帝-曹丕

这么说的话，我们魏国还重修了白马寺呢。🙏🙏🙏

两晋-东晋元帝-司马睿

只会修寺有什么了不起，我们东晋的高僧法显才是有实实在在的求法经历呢。

两晋-东晋孝武帝-司马曜

没错，冲出亚洲，走向世界！

划重点

佛教在吴国得到了大力的发展。三国时期战乱频繁，而江南地区相对安定。因此，大批佛教信徒和僧人为避战乱移居江南。吴国统治者对佛教持宽容态度，给予僧人支持，为佛教传播营造了良好的政治环境。同时吴国地区经济相对繁荣，为佛教寺庙的修建、译经等活动提供了物质基础，使得佛教有条件进行大规模传播。

东晋皇帝多崇佛，这也促进了佛教在上层社会的传播。东晋开国皇帝司马睿在登基后不久，便下令在都城建康修建了多座佛教寺庙。东晋孝武帝司马曜大力支持西域（今中国新疆地区及中亚部分地区）高僧鸠摩罗什的译经事业，在长安（今陕西省西安市）组织了大规模的译经场，翻译了《妙法莲华经》《金刚经》等众多重要佛教经典。司马曜还经常在皇宫内举行佛教仪式，邀请高僧进宫诵经祈福。东晋大部分皇帝都对僧尼群体给予了大量的资助，促进了佛教在东晋的发展。

建初寺：吴国在江东建造的寺庙，位于建业（今南京市秦淮区），是今大报恩寺的前身。建初寺由孙权于赤乌十年（247年）为高僧康僧会所建，是江南地区最早的佛教寺庙，也是继洛阳白马寺之后的中国第二座寺庙。它的建立是佛教初传江东的标志，从此佛教在江南有了正式的传教场所，推动了佛教与吴国本土文化融合。

禅悦寺：孙权之母吴国太所建的佛教寺庙，位于浙江余姚河姆渡镇车厩岙，始建于三国赤乌年间。寺院曾三毁四建，现存建筑为清光绪三年（1877年）重建。寺内大殿恢宏，殿内佛像庄严，具有较高的艺术价值。周边自然风光优美，有龙潭、瀑布等景观。作为余姚市级文保单位，禅悦寺承载着深厚的历史文化底蕴，吸引着众多游客和信徒前来参观朝拜。

白马寺：佛教传入中国后兴建的第一座官办寺院。始建于东汉，三国曹魏时期进行重建，坐落于河南洛阳，有中国佛教的“祖庭”和“释源”之称。三国两晋时期，它仍是重要的佛教活动场所，许多外国僧徒在此译经。寺内建筑古朴，承载着深厚的佛教文化底蕴，见证了佛教在中国扎根、发展与兴盛的漫长历程。

法显：东晋时期杰出的高僧、旅行家、翻译家。他于隆安三年（399年）从长安出发，西行求法，历经十四年，游历三十余国，带回大量佛教经典。其著作《佛国记》详细记载了取经途中的见闻和经历，为研究古代中亚、南亚的历史、地理、宗教等提供了重要资料。南沙群岛中有一处暗沙即以法显之名命名，以示纪念。

这拨高雅局让各位皇帝们都大开眼界。八卦闲聊了，令人震惊的消息听说了，高雅的国货和洋货也都见识过了，各位皇帝可谓是满载而归。高端人士的下午茶时间就该如此。

上次的高雅局甚得皇帝们喜欢，但是有些务实的觉得高雅有了，却不够接地气。于是皇帝们回头看了看自家的人才库，觉得科学家天团倒是可以拿出来显摆一下。主办方决定再次重操旧业，马上筹办起一档《走进科学》节目。

三国两晋乱世枭雄群(27)

三国-吴大帝-孙权

上次的高雅局深得我心，感觉从里到外都高级了呢！

三国-魏武帝-曹操

这都不算高级。

三国-蜀汉昭烈帝-刘备

还有更高级的吗？

三国-魏武帝-曹操

当然，我们魏国的科学家天团还没出手呢！

三国-魏武帝-曹操

三国-蜀汉昭烈帝-刘备

这样的话，我们蜀汉也有话说！

三国-魏文帝-曹丕

那我们就举办一个《走进科学》节目吧！

三国两晋乱世枭雄群(27)

三国-魏武帝-曹操

三国-魏文帝-曹丕

@所有人 三国两晋第一届《走进科学》节目在本群举行，欢迎各位踊跃参加！

三国-魏文帝-曹丕

三国-蜀汉昭烈帝-刘备

要说三国两晋最伟大的发明家，诸葛亮必定是当仁不让的！

三国-吴末帝-孙皓

确实！孔明灯很好看！

两晋-东晋元帝-司马睿

听说他还发明过馒头？

两晋-西晋惠帝-司马衷

真是体贴百姓啊，好！好吃！

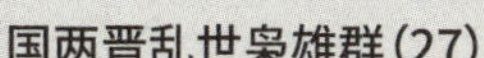

两晋-西晋惠帝-司马衷

三国-魏文帝-曹丕

这就算体贴百姓啦!那我爹爹当年的美酒方子“九酝春酿”岂不是造福后人了!

三国-魏文帝-曹丕

三国-魏武帝-曹操

低调，低调!

两晋-西晋怀帝-司马炽

真是体贴百姓啊，好!好喝!

三国-魏武帝-曹操

你们吴国不展开说说吗? @ 三国 - 吴大帝 - 孙权

孔明灯：三国时期诸葛亮发明的用于发送信号的灯笼。诸葛亮被司马懿围困于平阳（今山西省临汾市），城中粮草将尽，救兵却迟迟未到。危急时刻，诸葛亮算准风向，命人用竹皮扎成纸灯笼，糊上白纸，在底部固定松脂等易燃物。点燃后，热气充盈，灯笼徐徐升空。他借此传递求救信号，最终成功脱险。后来，这种灯笼被称为孔明灯，人们常用它来祈福许愿，承载着对美好生活的向往。

相传诸葛亮南征孟获班师回朝时，需渡泸水（今金沙江），可水浪汹涌，无法通行。当地习俗认为要用七七四十九颗人头祭祀河神，诸葛亮不愿杀生，便想出办法。他命人用面粉包上牛羊肉，捏成人头形状，称为“蛮头”，用以祭祀。此后，“蛮头”渐渐演变成如今的“馒头”，成为民间常见的主食，流传至今。

九酝春酿：曹操将自己家乡沛国谯县（今安徽省亳州市）的美酒“九酝春酿”献给汉献帝刘协。九酝春酿制作工艺复杂，需经九次添米、九次发酵而成，经长时间精心酿制，酒液醇厚绵柔，香气浓郁。曹操曾在《上九酝酒法奏》中详细描述其酿造方法，后“九酝春酒”成为皇室贡品。如今亳州的“古井贡酒”就是由九酝春酿发展而来的。

果然，就连皇帝也喜爱品鉴美酒，但美酒怎么能少得了酒杯的衬托呢。这不，提到酒，吴国瞬间来了精神。

三国两晋乱世枭雄群(27) ···

三国-吴废帝-孙亮

说起酒，就不得不提我们吴国的“飞鸽形青瓷杯”。

三国-吴景帝-孙休

没错，这可是艺术与科学的碰撞。

两晋-西晋惠帝-司马衷

听起来好高级！

两晋-东晋孝武帝-司马曜

听起来高级罢了，玩起“曲水流觞”来很是不方便。

两晋-东晋明帝-司马绍

那还得是我们的“青釉羽觞”，实用又不失优雅！

两晋-西晋惠帝-司马衷

科学！

三国-蜀汉昭烈帝-刘备

光顾着喝酒了，外面战乱的时候都在干什么呀！

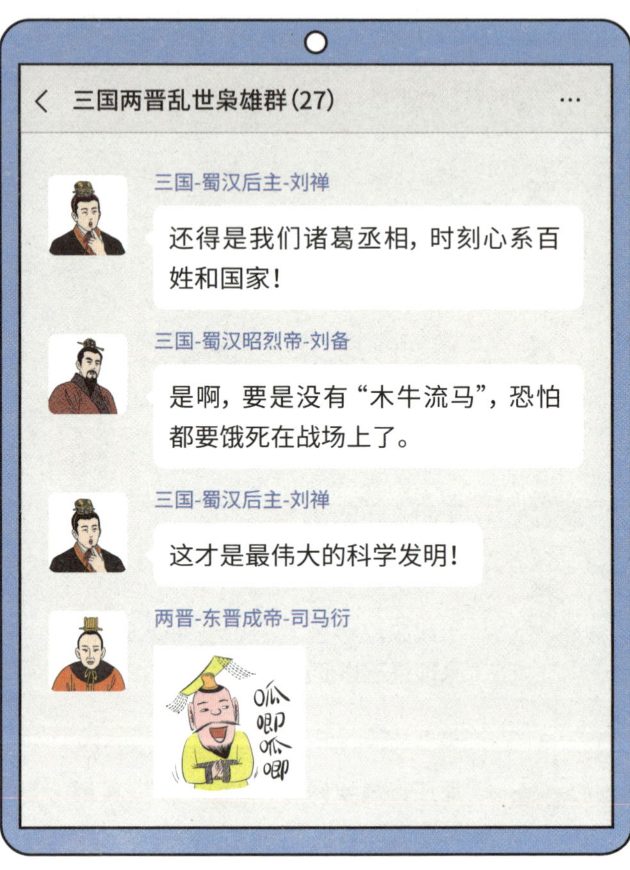

飞鸽形青瓷杯：吴国时期的文物，杯体呈圆钵状，前腹部堆塑有一只飞鸽，杯腹的后部又接塑了一个宽宽的鸟尾，从侧面来看，杯子前后的鸟身、鸟尾与杯身恰好构成一只鸟的形状。古人常把

器盖上的钮做成鸟的样子，但把整个酒杯做成鸟的样子则较少见。因此飞鸽形青瓷杯是越窑动物形瓷器中的珍品。

曲水流觞：源起于周朝，是文人雅客的盛会。暮春之初，众人围坐于蜿蜒曲折的溪水旁，酒杯顺流而下，停在谁面前，谁便赋诗饮酒。其中最著名的当属东晋永和九年（353年）王羲之等人在兰亭举行的曲水流觞活动。王羲之等文人墨客，借曲水之韵，挥毫泼墨，畅抒胸臆，留下千古佳作《兰亭集序》，让曲水流觞的浪漫与诗意流传至今。

青釉羽觞：两晋时期的一种青瓷器具类型。羽觞又称羽杯、耳杯，是中国古代的一种盛酒器具。因其形似飞鸟之双翼，故名“羽觞”。青釉羽觞无盖，两侧耳柄的设计方便众人在宴席中拿取或传递，且青瓷耳杯原料丰富、容易成型，因而在晋代贵族文人的生活场景中十分多见。

木牛流马：诸葛亮发明的运输工具，分为木牛与流马两部分。据记载，木牛构造独特，形似牛，腹内有机关，能负重前行，每日行程“特行者数十里，群行三十里”，能够极大地节省人力。流马则更为轻便灵活，转运粮草时，在蜀地崎岖山路也能畅行无阻。木牛流马的出现，解决了蜀军粮草运输难题，保障了蜀汉的军事行动。

诸葛亮的发明确实令人称赞，群里的各位再联想他的其他发明，都不自觉地发怵。

三国两晋乱世枭雄群（27）

三国-吴大帝-孙权

还有“诸葛连弩”，简直是骑兵的噩梦！

三国-吴末帝-孙皓

从未见过如此厉害的武器！

三国-蜀汉后主-刘禅

再搭配上蒲元刀，完美！

三国-魏邵陵厉公-曹芳

“诸葛连弩”确实厉害，不过还不够厉害。

两晋-东晋康帝-司马岳

三国-魏文帝-曹丕

我们魏国对它进行了改造，就更厉害啦！

两晋-东晋穆帝-司马聃

先进，真的是先进！

三国两晋乱世枭雄群(27)

三国-魏明帝-曹叡

还有更厉害的呢！

三国-魏文帝-曹丕

为我爹立下汗马功劳的霹雳车！

三国-魏文帝-曹丕

两晋-西晋愍帝-司马邺

听起来就挺帅！

三国-魏高贵乡公-曹髦

大杀四方的时候更帅！

三国-魏武帝-曹操

低调低调，不过在战场上确实拉风！

两晋-东晋元帝-司马睿

不会又要说官渡之战吧。

三国-魏武帝-曹操

划重点

诸葛连弩：诸葛亮改良的一种威力强劲的兵器。它以传统弩为基础，在结构上做出重大创新，拥有多个矢槽，能实现连续发射。相比普通弩，其发射效率大幅提高，可迅速对敌人造成密集杀伤，被称为“骑兵的噩梦”。诸葛连弩在战争中的应用极大地提升了蜀军的战斗力，是古代兵器发展史上的重要成果。

蒲元刀：三国时期蜀汉著名工匠蒲元所造的宝刀。蒲元对淬火工艺极为精通，深知蜀江水适合造刀。他选用优质钢材，经反复锻造、磨砺，打造出的刀具锋利无比，能“削铁如泥”，每口刀都刻有“七十二炼”的字样。传说蒲元为诸葛亮铸造了三千把军刀，这些刀在战场上发挥了重要作用，助力蜀军提升了战斗力。

三国时期魏国机械大师马钧对诸葛连弩进行了改进，精心设计传动部件，让操作更便捷，同时加大了箭矢威力。经测试，改进后的连弩射程更远、穿透力更强，功效是原来的五倍。马钧的改进让连弩成为战场上更具威慑力的武器，大幅提升了作战效能。

霹雳车：三国时期魏国刘晔改进的一种威力强大的投石车。它通过杠杆原理，利用人力或畜力拉动绳索，将石块等重物兜在皮兜中，以巨大的力量抛出，可远距离攻击敌方城墙、营寨和士兵。官渡之战时，曹操曾使用刘晔改进的霹雳车，有效摧毁了袁绍的防御工事，扭转了战场局势。

总是提曾经炫耀过的东西，确实会令人轻视，想要扳回一局的曹家必须出大招了。

三国两晋乱世枭雄群(27)

两晋-东晋哀帝-司马丕

你还自报家门啊。

三国-魏文帝-曹丕

还有现代人用的计程车!我们魏国当时就已经发明了!

三国-魏明帝-曹叡

每十公里木人敲钟一次，故名记里鼓车。

三国-魏文帝-曹丕

便捷出行，你值得拥有!

三国-魏武帝-曹操

没想到吧，这些都是我们魏国玩剩下的!

两晋-东晋废帝-司马奕

三国-魏武帝-曹操

感觉自己棒棒的!

指南车：机械大师马钧奉魏明帝曹叡之命研制的机械。当时人们只在传说中了解过指南车，在资料稀缺、原理不明的情况下，马钧凭借着丰富的机械知识和卓越的创造力，反复试验，最后通过巧妙设计齿轮传动系统，解决了方向指示难题。马钧最终成功改进指南车，使其无论怎样行驶，车上的木人始终指向南方，成为古代机械技术的光辉典范。

记里鼓车：又称记里车、大章车，是魏晋时期改进的用于记录车辆行驶距离的马车。它外形似马车，车上设有木人、鼓和钟。车轮每转动一定圈数，车内机械装置就会运作，木人击鼓，每行驶一里击鼓一次，若行十里，则敲钟一次。其应用原理类似于现代的计程车。记里鼓车的发明时间和发明者不得而知，但魏晋时期曾对其进行过改进，为古代交通、地理测量提供了重要帮助。

曹家的这一拨有效输出，确实赚足了关注，潜水好久的其他家族有些耐不住了，最起码气势上不能输！

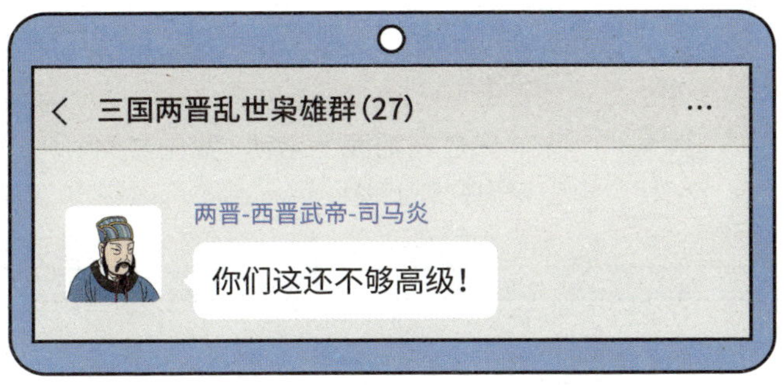

三国两晋乱世枭雄群(27)

三国-魏文帝-曹丕

哦?那你来说说。

三国-魏文帝-曹丕

两晋-西晋武帝-司马炎

话说我们西晋当时就有了最标准的地图!

两晋-西晋惠帝-司马衷

没错，有了裴秀创制的“制图六体”，妈妈再也不用担心我找不到家啦!

三国-吴大帝-孙权

这就高级了吗?你们的见识还是太短了。

三国-吴末帝-孙皓

你们只是在地面上活动，我们吴国已经研究天上啦!

三国两晋乱世枭雄群(27)

两晋-西晋惠帝-司马衷

三国-吴大帝-孙权

没错，优秀的天文学家陈卓已经绘制了全天星图。

三国-吴末帝-孙皓

看星星从此没有烦恼！

两晋-东晋简文帝-司马昱

你们真是神啊！

三国-吴大帝-孙权

三国-吴大帝-孙权

吴国堪称风水宝地，神仙降临。

三国-吴末帝-孙皓

吴国的杏林神医董奉也是举世闻名！

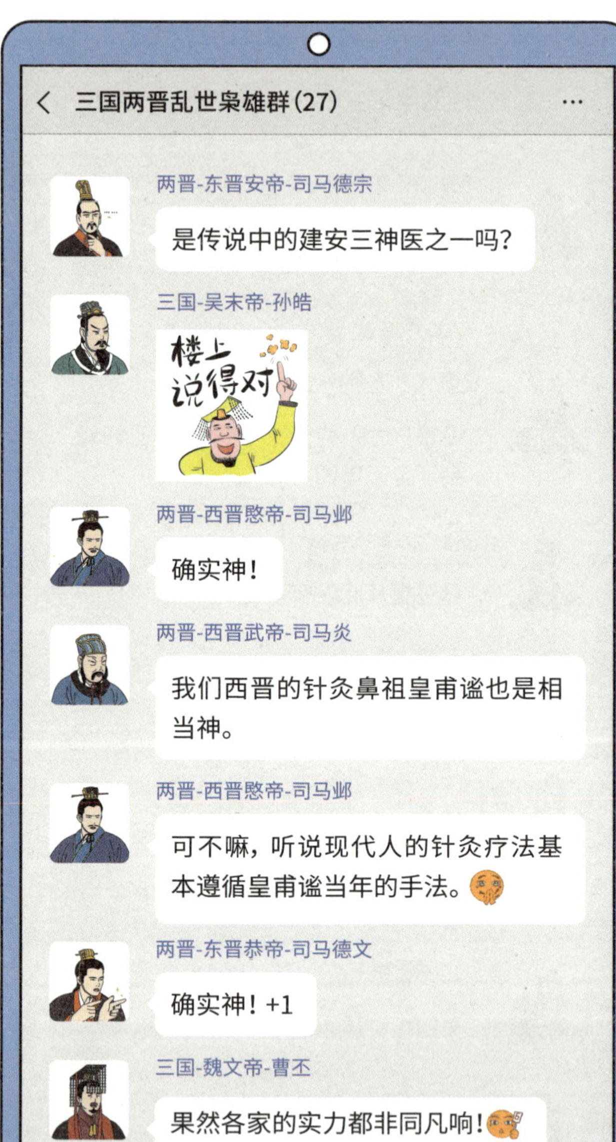
三国两晋乱世枭雄群(27)
两晋-东晋安帝-司马德宗
是传说中的建安三神医之一吗?
三国-吴末帝-孙皓
楼上说得对
两晋-西晋愍帝-司马邺
确实神!
两晋-西晋武帝-司马炎
我们西晋的针灸鼻祖皇甫谧也是相当神。
两晋-西晋愍帝-司马邺
可不嘛，听说现代人的针灸疗法基本遵循皇甫谧当年的手法。
两晋-东晋恭帝-司马德文
确实神! +1
三国-魏文帝-曹丕
果然各家的实力都非同凡响!

划重点

裴秀创制“制图六体”：魏晋时期，地图绘制标准不一、精度欠佳，裴秀总结前人经验，创制了“制图六体”，提出“分率、准望、道里、高下、方邪、迂直”这六条准则，构建出一套相对完整的地图绘制理论体系。其中，分率定比例尺，准望辨方位，道里测距离，高下、方邪、迂直校正地形偏差。裴秀还依此绘制了《禹贡地域图》，使地图绘制从经验性向科学性转变，为后世绘制地图奠定了坚实的基础。

陈卓绘制全天星图：陈卓是三国时期吴国的天文学家，他一生痴迷天文星象。当时，各星官体系混乱，陈卓决心整合。他历经多年观测，将石申、甘德、巫咸三家星官汇总，首次绘制出包含283个星官、1464颗恒星的全天星图。这份星图条理清晰、内容全面，远超同时期托勒密《天文学大成》的1022颗恒星数量，且涵盖拱极区与黄道带，体现了中国观测的全天域视角。唐代《开元占经》、宋代《新仪象法要》均以陈卓星官为基准，成为中古时期官方天文学核心文献。

建安三神医：指东汉末年的华佗、张仲景和董奉。华佗医术全面，尤擅外科，发明麻沸散，率先施行剖腹手术，还创编五禽戏，强身健体。张仲景著《伤寒杂病论》，确立辨证论治原则，为中医临床奠基。董奉隐居庐山，医术高超，为人治病不取钱物，以杏树为酬，杏熟换谷济贫，留下“杏林春暖”的佳话。他们在医学上各有建树，共同撑起了建安时期的医学盛景。

杏林春暖：董奉治疗病人不求财物，重病愈者只需在山中栽杏树五株，轻病愈者栽一株。数年过去，杏树多达十万余株，郁然成林。待杏子成熟，他又以杏换谷，赈济贫民。董奉行医济世，其杏林佳话流传千古。后世遂以“杏林”代指中医界，艺超群者被誉为“杏林圣手”，而推崇医德仁心则必言“杏林春暖”。

皇甫谧：西晋时期针灸学的一代宗师，针灸鼻祖。他一生专注学术研究，将《素问》《针经》《明堂孔穴针灸治要》等经典著作融会贯通，著成中国古代第一部针灸学专著《针灸甲乙经》。本书系统梳理了经络穴位，详细阐述了针灸理论与技法。至今，我国的针灸疗法，除穴名略有变动，原则上基本均遵循《针灸甲乙经》一书。

三国两晋第一届《走进科学》节目圆满收官，群里开始弥漫着科学的气息。各位皇帝大饱耳福，纷纷叫好，都以当年的科学实力为傲，瞬间觉得自己的科学家天团真的很厉害，回去要大赏特赏，大大鼓励科学研究！

好奇的皇帝们前一阵子出去微服私访，本想看遍万水千山，却不曾想被沿途听到的八卦吸引住。坊间秘闻传千里，皇帝们按捺不住地想要问一问当事人，讨论一番。

三国两晋乱世枭雄群(27) ···

三国-魏武帝-曹操

大家近来可好呀!

两晋-西晋武帝-司马炎

好得很!游历大江南北,赏祖国大好河山!

三国-吴大帝-孙权

不错!微服私访确实为一妙计。

三国-蜀汉昭烈帝-刘备

我带儿子打卡了曹兄推荐的铜雀台,确实大气!

三国-蜀汉后主-刘禅

正所谓“东风不与周郎便,铜雀春深锁二乔”。

三国-魏武帝-曹操

这孩子果然大有长进啊。

三国-魏武帝-曹操

三国两晋乱世枭雄群(27)
三国-蜀汉昭烈帝-刘备
这沿途还听到不少坊间秘闻呢。
两晋-西晋怀帝-司马炽
展开说说！
两晋-西晋惠帝-司马衷
吃瓜
三国-蜀汉昭烈帝-刘备
听说曹兄还有一个钟爱的小师妹呢？
三国-魏武帝-曹操
谣言！都是谣言！
三国-蜀汉后主-刘禅
当年为了赎回在匈奴的她，还不惜重金？
两晋-东晋明帝-司马绍
吃瓜

划重点

铜雀台：位于今河北省邯郸市临漳县邺城遗址，为曹操所建。曹操修建铜雀台，有彰显其平定四海之功、巩固统治地位的意图，代表着曹氏集团的权力和威望。同时它还是文人聚集的场所，曹操常带领曹丕、曹植等文人在此吟诗作赋，见证了建安文学的发展。后铜雀台被文人墨客当作典故吟咏，如杜牧的《赤壁》中提到“东风不与周郎便，铜雀春深锁二乔”。

据民间传闻，曹操年轻时曾向大儒蔡邕求学，那时便对聪慧过人的小师妹、蔡邕之女蔡文姬心生爱慕。后曹操得知蔡文姬流落塞外十二年，便立即派使者带着黄金万两、白璧一双去匈奴，甚至不惜以出兵十万相逼。而后蔡文姬顺利归汉，曹操不仅给予她生活上的照顾，更鼓励她整理蔡邕遗作。

这么看来，坊间秘闻确实不能全信，但近距离八卦的机会不能放弃！

三国两晋乱世枭雄群(27)

两晋-东晋成帝-司马衍

人家那是先进的外科手术疗法。

两晋-东晋康帝-司马岳

真是可惜了。

两晋-东晋康帝-司马岳

三国-魏武帝-曹操

啊?这样啊，年轻气盛，冲动了。

两晋-西晋武帝-司马炎

听说你盛情邀请王导“同坐御床”，也是年轻气盛吗? @两晋-东晋元帝-司马睿

两晋-东晋元帝-司马睿

我那是给尽恩人荣誉!这都被传成什么了。

两晋-东晋孝武帝-司马曜

我爷爷那是仁君之风，坊间传闻不可全信!

曹操患有头痛病，听闻“外科圣手”华佗医术高超，便召见华佗为其诊治。华佗建议曹操进行开颅手术以根治，但曹操疑心华佗有谋害之心，遂将其下狱。最终，华佗被曹操处死，其医术也随之失传。华佗死后，曹操的头风病愈发严重，医者皆束手无策。此时曹操才追悔莫及，长叹道：“吾悔杀华佗！”

太兴元年（318年），司马睿登基称帝。令人震惊的是，大典进行时，司马睿突然拉住王导，执意邀请他同坐御床，接受百官朝拜。王导深知此举不合君臣之道，坚决推辞：“若太阳与万物同辉，百姓又该仰仗谁呢？”司马睿这才作罢。这一事件，尽显东晋初年“王与马，共天下”的政治格局，凸显了王导的特殊地位，也反映出司马睿对王氏家族的倚重。

仁君，总是需要对比才更能凸显。不嫌事大的皇帝们深知这个道理，新一轮的吐槽再度来袭。

三国两晋乱世枭雄群(27)

三国-魏文帝-曹丕

我不过只与曹植一人对抗，你不要夸大其词！

三国-吴废帝-孙亮

动不动就要处死手足兄弟，你还真是厉害！

三国-吴废帝-孙亮

两晋-东晋穆帝-司马聃

还好曹植聪慧，作出了七步诗，否则早就和他老爹见面了！

三国-魏武帝-曹操

两晋-东晋哀帝-司马丕

他也并非只残杀兄弟，听说还毒害了妻子？

划重点

七步诗：曹操离世后，曹丕称帝，对才华横溢且曾竞争世子之位的同胞兄弟曹植满怀忌惮。一日，曹丕命曹植七步成诗，主题为兄弟却不能提“兄弟”二字，否则处死。生死攸关，曹植悲愤踱步，七步刚落，便吟出流传后世的《七步诗》:“煮豆持作羹，漉菽以为汁。萁在釜下燃，豆在釜中泣。本自同根生，相煎何太急?”曹丕听后动容，终念及手足情，放过曹植。

官渡之战后，曹丕在邺城（今河北省邯郸市临漳县）邂逅袁绍的儿媳甄宓。甄宓素有“江南有二乔，河北甄氏俏”的美誉，

曹丕一见倾心，当即求娶，后甄宓还为曹丕诞下曹叡与东乡公主。但曹丕称帝后，后宫充盈，甄宓失宠。甄宓作《塘上行》倾诉自己的怨愤，曹丕却认为她心生不满。后曹丕听信谗言，赐其毒酒。关于甄宓的死因未见明确的记载，坊间还传闻甄宓是在宫斗中自杀的。

曹丕驾崩后，身为儿子的曹叡却未送葬。据《魏氏春秋》记载，曹叡本有送葬之意，然而曹真、陈群、王朗等大臣以天气暑热为由，极力劝阻。这一行为引发诸多猜测，有人认为是大臣阻拦，也有人怀疑曹叡本就不想为曹丕送葬，因为曹丕在称帝后第二年就赐死了曹叡的生母甄宓，此事令曹叡耿耿于怀。曹魏末年，曹叡这一“不孝”行径传得沸沸扬扬，甚至有传言说他逼杀了自己的嫡母郭后。

曹家已经自乱阵脚了，其他家族也别想逃脱，八卦输出战还在继续。

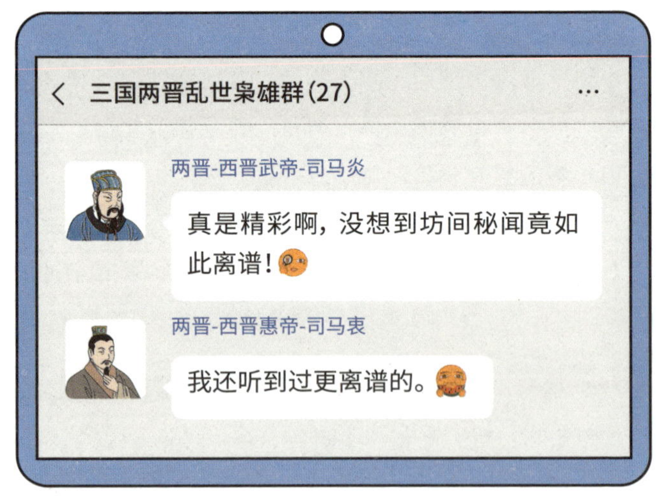

三国两晋乱世枭雄群(27) ···

两晋-东晋简文帝-司马昱

两晋-西晋惠帝-司马衷

听说刘备当年为了夸奖手下，不惜摔儿子庆祝？

三国-魏邵陵厉公-曹芳

怪不得阿斗傻傻的。

两晋-西晋愍帝-司马邺

是啊，被人卖了还乐不思蜀呢。

两晋-西晋愍帝-司马邺

三国-蜀汉后主-刘禅

是这样的吗，爹爹？

三国-蜀汉昭烈帝-刘备

唉！坊间秘闻不可全信呐！

三国两晋乱世枭雄群(27)

两晋-东晋元帝-司马睿

是啊，我还听说了“牛继马后”的谶语。

两晋-东晋元帝-司马睿

两晋-西晋惠帝-司马衷

听说你姓“牛”？@ 两晋 - 东晋元帝 - 司马睿

两晋-东晋元帝-司马睿

谣言！都是谣言！

两晋-东晋安帝-司马德宗

谶语不可信呐，要不是“昌明之后有二帝”的谶语，我们兄弟二人何故死得如此惨烈啊！

两晋-东晋恭帝-司马德文

刘备摔子：据《三国志·蜀书·赵云传》记载，在长坂坡之战中，赵云怀揣着年幼的刘禅，在曹军的重重包围里七进七出，浴血奋战，终于将刘禅平安送到刘备面前。刘备接过襁褓中的刘禅，却突然将其往地上一掷，大声斥责："为了你这孩子，差点折损我一员大将！"这一摔，令赵云感动不已，此后更是死心塌地追随刘备。

乐不思蜀：蜀汉灭亡后，刘禅被司马昭控制。司马昭曾问刘禅："你想念蜀国吗?"刘禅脱口而出："这里快乐得很，我才不想念蜀国呢！"蜀汉旧臣郤（xì）正教刘禅："若司马昭再问同样的问题，您就回答说'先人坟墓，远在蜀地，我没有一天不想念啊'。这样司马昭就能让陛下回蜀了。"当司马昭又问同样的问题时，刘禅赶忙把郤正教他的话说了一遍。司马昭质问："这话怎么像是郤正说的?"刘禅大感惊奇道："你怎么知道呀！"司马昭及左右大臣见刘禅如此老实忠恳，从此再也不怀疑他。

牛继马后：司马懿在任魏国大臣时，已生取代魏国之心。相传当时极为流行一本名为《玄石图》的谶书，上面记载了"牛继马后"的谶语，意思是会有牛氏后人继承司马氏江山。这引起了司马懿的猜忌，随即便设毒杀死了立下赫赫战功的名将牛金。司马懿本以为会高枕无忧，却世事难料。司马懿的孙子司马觐承袭琅琊王爵位，传言称，其妻即东晋元帝司马睿的生母，与一名牛姓小官有私情，司马睿即为牛姓后代。

东晋末年，权臣刘裕权势滔天，一心谋朝篡位。当时流传"昌明之后有二帝"的谶语，昌明是东晋孝武帝司马曜的字，此谶语意为司马曜之后还有两位帝王，东晋才会灭亡。而时值司马曜的下一任帝王晋安帝司马德宗在位，因此，刘裕为了让谶语成真，于义熙十四年（419年）暗中派人弑杀了司马德宗，又急忙立其弟司马德文为帝，以尽快实现自己篡权的愿望。

原来有关皇帝们的坊间秘闻都如此离谱，真是不听不知道，一听吓一跳啊。潜水好半天的孙权终于憋不住笑了。

三国两晋乱世枭雄群(27)

三国-吴大帝-孙权

两晋-西晋武帝-司马炎

你们老孙家还真是基因强大啊!

两晋-西晋怀帝-司马炽

可不嘛,爸爸爱射虎,儿子爱射鸡。 @ 三国 - 吴景帝 - 孙休

三国-吴景帝-孙休

这叫无聊时的消遣,你们懂什么!

两晋-西晋武帝-司马炎

没错没错,业余时间也要有一些娱乐活动。

三国-吴末帝-孙皓

明白了,这么说你的羊车也是娱乐生活的一部分?@ 两晋 - 西晋武帝 - 司马炎

三国两晋乱世枭雄群(27)

三国-魏高贵乡公 曹髦

是啊，你的“羊车望幸”真是远近闻名呢。

两晋-东晋元帝-司马睿

不止，卖官更是出名呢。

两晋-东晋元帝-司马睿

三国-魏元帝-曹奂

竟也不见你西晋国库丰盈，你这卖官的钱都去哪儿了？

两晋-东晋孝武帝-司马曜

可能都用来做羊车了！

三国-魏明帝-曹叡

< 三国两晋乱世枭雄群(27) ···

两晋-西晋武帝-司马炎

坊间秘闻不可全信呐！

两晋-西晋武帝-司马炎

三国-吴大帝-孙权

这一点怕是要跟司马衷学学了。

两晋-东晋孝武帝-司马曜

家里有一只母老虎，根本不用妄想选妃的问题。

三国-蜀汉后主-刘禅

何止啊，我看连管理朝政也都不用妄想了。

两晋-西晋惠帝-司马衷

划重点

孙权热衷狩猎，尤爱乘马射虎。一次，他猎得的老虎异常凶猛，竟一跃扑上马鞍。危急时刻，幸得侍从相助，才成功将其制服。经历此事后，大臣们纷纷劝阻孙权狩猎。为了自身安危，他开始用射虎车狩猎，即在马车顶开一个方洞，不加盖子，孙权从洞中探身向外射虎，车内有专门负责驾车的人。孙权喜射虎的爱好传遍世间，宋人苏轼曾在《江城子·密州出猎》中写道："亲射虎，看孙郎。"此句正是苏轼借孙权射虎的壮举以自喻，决意在此番狩猎中以同样的胆识与豪迈弯弓射虎。

吴景帝孙休热衷射鸡，每至射猎时节，便早出晚归沉浸其中。群臣纷纷劝阻，认为野鸡不过是小物，不值得如此沉迷。孙休却道，野鸡虽小，却比人来得耿直。他身处复杂的宫廷斗争之中，面对权臣的威胁，或许从射鸡中寻到了难得的轻松与自在。

羊车望幸：司马炎一统三国后，后宫充盈，佳丽近万。面对如此庞大的后宫队伍，他每晚为选择临幸哪位妃子而苦恼。于是他想出一个奇特的办法：坐着羊拉的车在后宫随意游走，羊车停在哪儿，他就在哪儿留宿。为获宠幸，妃嫔们各出奇招，有人在门口插竹枝、洒盐水吸引羊，由此诞生了“羊车望幸”的典故。

卖官鬻爵：司马炎晚年贪图享乐，私欲膨胀。他将官职明码标价，从基层小官到朝中要职，皆可通过钱财交易获得。这些卖官所得并未充实国库，而是统统进了他的私人腰包。大臣刘毅直言他卖官的行径比汉桓帝、汉灵帝还过分，桓、灵卖官钱入国库，他却中饱私囊，此行为为西晋的衰败与覆灭埋下祸根。

司马衷生性愚钝，十分惧怕强势善妒的皇后贾南风。贾南风不许他亲近其他女子，还残忍迫害怀孕的妃嫔，致使后宫混乱。司马衷即位后，贾南风干预朝政，先是除掉辅政大臣，又杀害太子，引发八王之乱，后被赵王司马伦起兵杀害。西晋自此陷入动荡，司马衷沦为各方争夺的傀儡。

东晋康帝司马岳的皇后褚蒜子，出身官宦世家，天生丽质，见识不凡，十几岁便成了琅琊王司马岳的妃子。咸康八年（342年），司马岳称帝，褚蒜子成为皇后。建元二年（344年），司马岳去世，幼子司马聃即位，褚蒜子开始临朝摄政。此后，因皇帝更替及年幼等原因，她三度临朝，扶持了六位皇帝，于太元九年（384年）去世，谥号康献皇后。

这一场八卦输出战下来，可以说是伤敌一千，自损八百。皇帝们也是吃了一圈“大瓜”，但是仔细想想，事关个人形象，必须得整理整理心情，准备回去辟谣。坊间秘闻不可全信呐！

皇帝们微服私访回来后，觉得应将祖国的大好河山向外国友人宣传一下。但派谁去宣传，成了一个令人挠头的问题。皇帝们纷纷觉得这个“友好交流大使”必须由大家一起评选。

三国两晋乱世枭雄群(27)
三国-魏武帝-曹操
壮丽山河，真是雄伟啊！
三国-蜀汉昭烈帝-刘备
广袤山川，真是壮阔啊！
三国-吴大帝-孙权
雄奇河岳，真是震撼啊！
两晋-西晋武帝-司马炎
如此大好河山，一定要走向世界！
两晋-东晋元帝-司马睿
楼上说得对
三国-魏武帝-曹操
由谁来做这个“友好交流大使”呢？
三国-蜀汉昭烈帝-刘备
好问题！
三国-吴大帝-孙权
一定要有经验的！

三国两晋乱世枭雄群(27)

两晋-西晋武帝-司马炎

那大家都来谈谈自己对外友好交流的辉煌历史吧。

两晋-西晋武帝-司马炎

三国-魏武帝-曹操

最值得一说的，当属丝绸之路啦！

三国-蜀汉昭烈帝-刘备

丝绸之路能在动乱的东汉末年得以继续，还得靠我们三国啊！

三国-吴大帝-孙权

两晋-西晋武帝-司马炎

我们两晋也没有丢人，继续带领丝绸之路走向世界！

丝绸之路：古代连接东西方的重要通道，分为陆上和海上丝绸之路。陆上丝绸之路从长安出发，经河西走廊（今甘肃省西北部）、西域，至中亚、西亚并延伸至欧洲；海上丝绸之路则从东南沿海起航，经南海、印度洋抵达亚非各地。丝绸之路始于西汉，唐代达到鼎盛，宋元时海上丝路繁荣，明清渐衰。它促进了沿线国家的贸易往来，加深了不同文明间的相互了解与融合。

三国时期，虽天下三分，但丝绸之路仍在发展。曹魏占据中原，设官管理西域，中原与西域贸易频繁。蜀汉通过与羌族等民族的贸易，使蜀锦间接流入丝路。吴国则开拓海上丝绸之路，与东南亚、南亚加强联系，和大秦（古罗马）有间接往来，文化交流也随之开展。

两晋时期，丝绸之路突破动荡局势，实现多方面发展。陆上贸易依旧繁荣，河西走廊商队往来不断；海上丝绸之路更是异军突起，凭借先进的造船与航海技术，多帆巨舰远航至东南亚、南亚，甚至欧洲，贸易规模持续扩大。文化交流也因丝绸之路愈发活跃，东西方的思想、艺术、宗教沿此通道相互碰撞、融合。

简单的寒暄过后，各家该展示真正的实力了。

< 三国两晋乱世枭雄群(27) …

三国-魏明帝-曹叡

为了彰显我们亲密无间的友谊，特给两位国王赐名。

两晋-西晋惠帝-司马衷

什么名字？

两晋-东晋孝武帝-司马曜

三国-魏文帝-曹丕

“亲魏大月氏王”。

三国-魏元帝-曹奂

“亲魏倭王”。

两晋-东晋明帝-司马绍

这名字谁起的呀？

三国-魏明帝-曹叡

我！亲切吧！

划重点

大月氏：古代中亚地区的一个强大游牧部落。原定居于河西走廊，后受匈奴逼迫西迁，在阿姆河流域建立起贵霜帝国等政权。大月氏在丝绸之路贸易中占据重要地位，是东西文化交流的关键中介，将中国的丝绸等商品运往西方，又把希腊、罗马文化等传入东方，对佛教在中亚、东亚的传播也起到了重要推动作用。

曹魏曾与大月氏建立友好关系。魏明帝太和三年（229年），大月氏贵霜王朝遣使抵达洛阳，开启与曹魏的正式外交往来。大月氏使臣带来本国特产，彰显友好态度。曹魏高度重视，回赠丰厚礼品，还赐予“亲魏大月氏王”的名誉称号，象征着双方友好关系的确立，此后双方在贸易、文化等方面交流不断。

倭国是古代中国对日本的称呼。倭国主动与曹魏建立友好关系，并往来频繁。魏明帝景初三年（239年），倭国女王卑弥呼派遣使臣辗转面见魏明帝，献上奴隶及布匹，表达臣服之意。魏明帝封卑弥呼女王为“亲魏倭王”，赐金印紫绶。

听着这么没有营养的封号，刘禅想起了曹丕的一件糗事。

三国两晋乱世枭雄群(27)

三国-魏明帝-曹叡

爹爹，确实是真的，西域使者都现身说法了。

三国-魏文帝-曹丕

两晋-西晋愍帝-司马邺

赶紧把碑文刮除吧，真丢人！

两晋-西晋武帝-司马炎

这号人物要是作为“友好交流使者”，得让人家笑掉大牙！

三国-魏武帝-曹操

三国-魏文帝-曹丕

火浣布：又称火烷布，是西域的一种神奇织物，以石棉纤维纺织而成。它最奇特之处在于拥有强大的耐火性，能在熊熊烈火中完好无损，甚至还能在火中洗净污垢。古代传说为它蒙上一层神秘面纱，有的说它是火鼠之毛所织，也有的说它来自火山中的草木纤维，引得无数人的好奇与遐想。

曹丕秉持着传统认知，认为火性猛烈，绝无生物能在其中存活，不可能存在能耐得住火烧的火浣布。因此他态度坚决，甚至将这一观点写进《典论》，还刻在太庙和太学石碑上。可戏剧性的是，他去世后，西域使者就献上了火浣布，现场演示其遇火完好无损的特性。曹丕的论断被驳斥，石碑上相关内容也被刮除。

曹家经历这么一遭，真想钻地缝光速逃离。看来选上“友好交流大使”是没戏了。

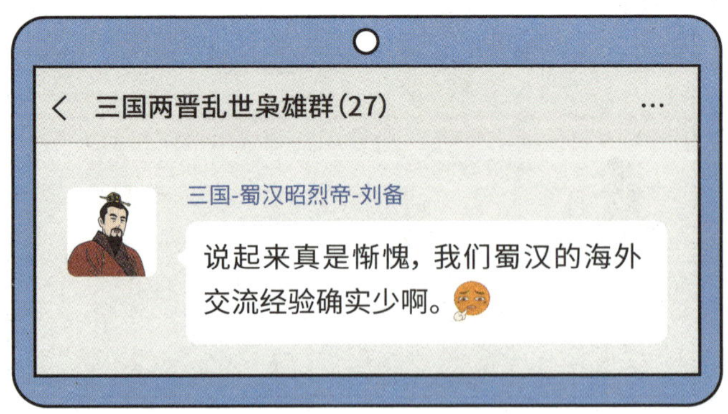

三国两晋乱世枭雄群(27)

三国-蜀汉昭烈帝-刘备

三国-蜀汉后主-刘禅

没关系爸爸，我们有外交人才。

三国-蜀汉昭烈帝-刘备

三国-吴大帝-孙权

是谁？

三国-蜀汉后主-刘禅

他就是邓芝，堪称外交、军事全能型人才！

三国-蜀汉昭烈帝-刘备

哎呀呀，我怎么把他忘了。没错！修复联盟全靠他！👍👍

三国两晋乱世枭雄群(27)
三国-蜀汉后主-刘禅
蜀汉严选，强烈推荐！
三国-蜀汉后主-刘禅
呱唧呱唧
三国-吴大帝-孙权
邓芝每次都能让我心服口服！👍👍
三国-吴末帝-孙皓
是个好人选。
三国-吴大帝-孙权
但若论对外交流，我只服我们吴国！
三国-吴末帝-孙皓
爷爷威武！
三国-吴末帝-孙皓
彩虹屁

两晋-东晋废帝-司马奕

你有什么经验啊？

两晋-东晋废帝-司马奕

三国-吴大帝-孙权

社交牛人，舍我其谁，与东南亚交往频繁！

三国-吴末帝-孙皓

多亏了我爷爷，才能看见东南亚那么多奇珍异宝！

三国-吴大帝-孙权

冒险天团，南下探夷洲！

三国-吴大帝-孙权

邓芝是三国时期蜀汉重臣，曾两次出使吴国。第一次是在刘备病逝、吴蜀联盟破裂之际，孙权摇摆不定。邓芝主动求见，以敏锐的政治洞察力和出色的口才，修复并巩固吴蜀联盟。第二次是为进一步巩固合作，邓芝坦诚直言，灭魏后两国或有一战，这份真诚让孙权更加赏识。此后双方往来密切，让吴蜀联盟得以稳固，共同抗衡曹魏。

三国时期，吴国与东南亚国家交往频繁。孙权掌控交州（今广西壮族自治区以南至越南中北部一带）后，交州刺史吕岱派使者宣扬吴国声威，引得东南亚诸国纷纷遣使“奉贡”，双方开展贸易，互通有无。东南亚的象牙、翡翠、玳瑁等流入中国，中国的丝绸、瓷器、先进农具也传至东南亚，佛教文化也随之在吴国传播开来。

孙权南下探夷洲：三国时期，孙权为扩充人口、拓展疆域，于黄龙二年（公元230年）派卫温、诸葛直率领万余名甲士，从会稽郡出海，探寻《禹贡》中记载的夷洲（今中国台湾省）与亶洲（一般认为是今日本）。但当时他们对海外地理了解有限，亶洲远未寻得，却成功抵达夷洲。只是因水土不服，不久士兵大量染病，一年后被迫返回。

天竺：古代中国对印度、巴基斯坦等国家的统称。天竺历史悠久，是佛教、印度教等宗教的发源地。吴国时期，天竺佛教文化东传，不少天竺僧人在此弘扬佛法。维祇难在武昌传译佛经，支谦、康僧会等也在吴国译经、弘法，备受礼遇。同时，吴国与天竺贸易往来频繁，吴国船队载着丝绸、瓷器驶向天竺，并带回香料、宝石等。吴国与天竺虽远隔重洋，却紧密相连。

比拼真是激烈，孙家都不惜拿出了撒手锏，各家也都按捺不住了。

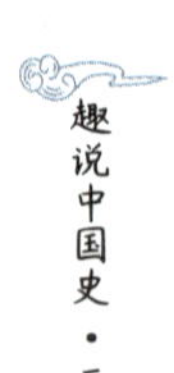

三国两晋乱世枭雄群(27)

两晋-东晋成帝-司马衍

不就是与东南亚国家交往嘛，谁家没有啊！

两晋-东晋康帝-司马岳

咱就是说，东南亚的奇珍异宝都看腻了。

两晋-东晋康帝-司马岳

两晋-东晋元帝-司马睿

林邑进贡的大象见过吗？

三国-蜀汉后主-刘禅

两晋-西晋武帝-司马炎

大象倒是没见过，大宛的汗血宝马可是源源不断！

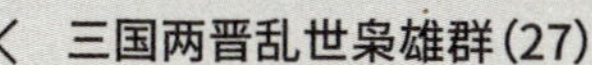

三国-魏邵陵厉公-曹芳

两晋-西晋武帝-司马炎

罗马自带天然香味的香蜜纸见过吗！

两晋-西晋惠帝-司马衷

爹爹，我也想要！

两晋-西晋武帝-司马炎

儿啊，这香蜜纸甚为稀有，还是赐给能者吧。

两晋-东晋哀帝-司马丕

可不嘛，给你有什么用，拿来擦鼻涕吗？

两晋-西晋惠帝-司马衷

林邑：位于今越南中部地区，是古代东南亚地区的一个重要国家。林邑特产丰富，有沉香木、檀香木等香料，木棉等织物原料，金、银等金属矿产，象牙、玳瑁等动物制品。晋成帝咸康二年（336年），林邑王范文篡夺王位后，为打通贸易渠道，以及维护新政权的稳定，因此急于向东晋示好。这次进贡，林邑进献了训练过的大象。

大宛：位于今乌兹别克斯坦境内费尔干纳地区。大宛地处东西方陆路交通要地，是丝绸之路的重要参与者，与中原地区的交流频繁。大宛以养殖汗血马闻名于世。据《晋书》等记载，晋武帝司马炎在位时，大宛使者数度来到洛阳，敬献汗血宝马，以表友好姿态和政治上的臣服。

香蜜纸：西晋时从古罗马帝国引入的珍稀纸品。它以独特工艺制成，纸面光滑细腻，触手生温。其最大特色在于能够散发天然的馥郁香气，据说这种香气能提神醒脑，让书写者文思泉涌。当时，香蜜纸极为珍贵，常作为皇室馈赠之物。司马炎曾购买香蜜纸赠予西晋的重要官员、杰出学者杜预用于写作，足见其价值非凡。

各家越说越起劲，被打消气焰好久的曹家正暗中积蓄能量，瞄准时机，准备复活。

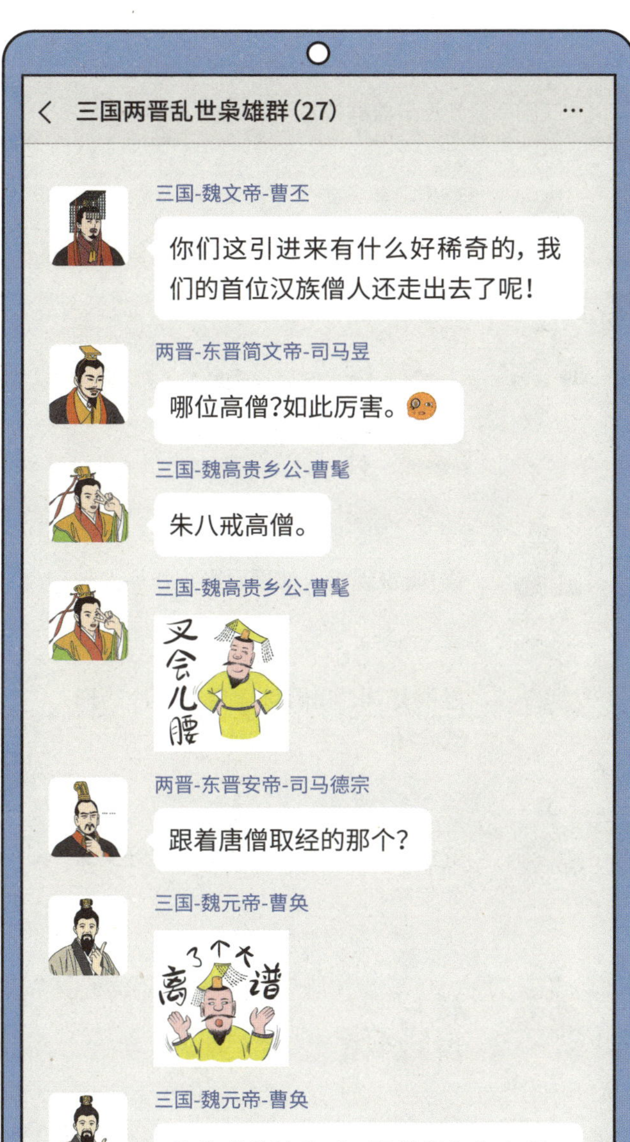
三国两晋乱世枭雄群(27)
三国-魏文帝-曹丕
你们这引进来有什么好稀奇的，我们的首位汉族僧人还走出去了呢！
两晋-东晋简文帝-司马昱
哪位高僧?如此厉害。
三国-魏高贵乡公-曹髦
朱八戒高僧。
三国-魏高贵乡公-曹髦
又会儿腰
两晋-东晋安帝-司马德宗
跟着唐僧取经的那个?
三国-魏元帝-曹奂
离了个大谱
三国-魏元帝-曹奂
此八戒非彼八戒，高僧名为朱士行。

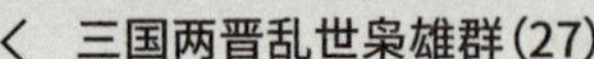

三国-魏明帝-曹叡

那个是影视化版本。

两晋-东晋恭帝-司马德文

三国-魏文帝-曹丕

诶!听说现代人都爱看影视作品。

两晋-西晋怀帝-司马炽

是啊是啊，我们可以用宣传片的形式介绍。

两晋-西晋愍帝-司马邺

好主意!这样咱们全员都是友好交流大使啦!

两晋-东晋孝武帝-司马曜

朱士行：三国时期魏国高僧，法号八戒。他少年出家，成为中国首位汉族僧人。朱士行于曹魏景元元年（260年）从雍州（今陕西省附近）出发，到达于阗国（今塔里木盆地附近），得到《大品经》梵本并抄写。西晋太康三年（282年），朱士行派弟子将抄写的经本送回洛阳，自己留在于阗，后在那里去世，享年八十岁。朱士行是中国佛教史上西行求法第一人，为后世法显、玄奘等人树立了榜样，促进了佛教在中原地区的传播与发展。

有人认为朱士行是猪八戒的原型，确实有几分依据。第一，朱士行法号八戒，与猪八戒名字相同。第二，他作为三国时期高僧，西行求法，途中历经艰险，和《西游记》里猪八戒随唐僧取经的坎坷经历类似。第三，朱士行求法时意志坚定，即便困难重重也不放弃，恰似猪八戒虽有贪吃、偷懒等毛病，但最终也坚持到取得真经。基于这些相似之处，朱士行是猪八戒原型的说法便流传开来。

经过一番角逐，各家为对外交往做的贡献都不小，都有资格作为宣传大使。还好后辈皇帝们灵机一动，全员“友好交流大使”这个结果让各家都深感欣慰，纷纷回去用心准备宣传片，在歌颂祖国大好河山的同时，也展示一下自家的精神风貌。

日月如梭，光阴似箭，一转眼已进年末，这一年里皇帝们为江山操碎了心。他们决定策划一场年终晚会，以犒劳自己勤勤恳恳的日常，顺便欣赏各家的拿手文艺作品。

三国两晋乱世枭雄群(27)

三国-魏武帝-曹操

老伙计们最近可好啊?

三国-蜀汉昭烈帝-刘备

时间过得好快呀，兜兜转转又是一年啦!

三国-吴大帝-孙权

唉，又老一岁!

两晋-西晋武帝-司马炎

没关系，孩儿们也在茁壮成长!

两晋-东晋元帝-司马睿

三国-魏文帝-曹丕

岁末年初，为犒劳新老皇帝，我们不如举办一场晚会吧!

三国-蜀汉后主-刘禅

大家一起乐呵乐呵!

三国两晋乱世枭雄群(27)
两晋-东晋孝武帝-司马曜
呱唧呱唧
三国-魏文帝-曹丕
各位有什么拿手好戏，尽管展示！
三国-吴末帝-孙皓
歌舞一定要来一个！
两晋-西晋惠帝-司马衷
最好有点好玩的！
三国-魏文帝-曹丕
要求倒是不少。
三国-魏文帝-曹丕
给你一个眼神
自己体会
三国-魏武帝-曹操
我推荐“清商乐”，高雅脱俗！

三国两晋乱世枭雄群(27)

三国-魏明帝-曹叡

赞成赞成！听说现代人也很喜欢呢！

三国-魏文帝-曹丕

那是，这还不多亏了我当年设立的“清商署”！

三国-魏明帝-曹叡

爹爹威武！有了您的清商署，这清商乐才得以流传下来。

三国-魏明帝-曹叡

两晋-西晋怀帝-司马炽

清商乐确实是好东西，但是我们西晋有更好的舞！

三国-魏邵陵厉公-曹芳

是什么？

两晋-西晋怀帝-司马炽

杯盘舞！

清商乐：中国古代音乐的重要流派。曹魏时，因曹操父子特别喜爱清商乐舞而兴盛，曹丕还特设清商署，对清商乐进行研究与整理。两晋时期，虽经历战乱，但清商乐仍有一定发展。清商乐风格多样，多以爱情为题材。乐器以丝竹为主，包括琴、瑟、筝、

琵琶、笛、箫等，还有钟、磬等打击乐器。《子夜歌》《公莫舞》等曲目都是经典代表作，在现代的一些大型古典文化演出或传统艺术展示活动中仍能看到相关呈现。

杯盘舞：晋代的特色舞蹈，也叫“晋世宁舞”，西晋太康年间尤为盛行。表演时，舞者双手持杯盘，将杯盘抛接翻转，动作敏捷流畅，并且要保证杯盘不掉落，技巧性十足，舞姿轻快优美。其歌词“晋世宁，四海平”，传达出对太平盛世的祈愿。杯盘舞具有很强的观赏性和娱乐性，常出现在宫廷宴会等场合，烘托出欢乐的氛围。

歌舞选完，按照传统流程，该有些诗歌朗诵陶冶一下情操。

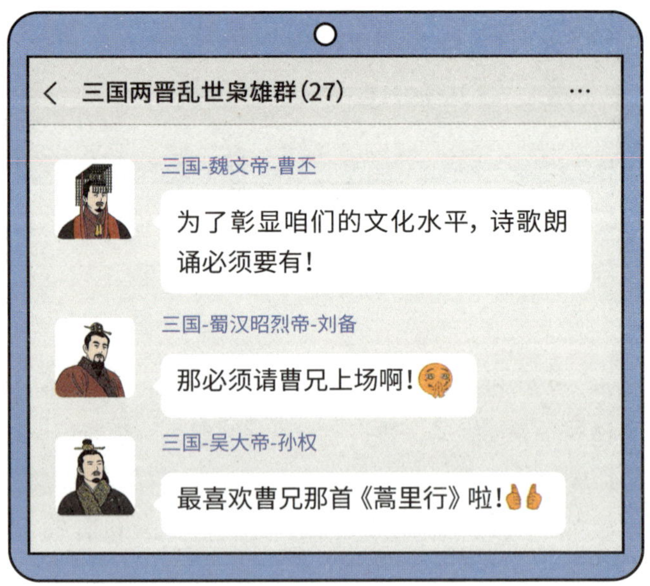

三国两晋乱世枭雄群(27)

两晋-西晋武帝-司马炎

还是你会挑，听说那首被誉为“诗史”级别。

三国-吴大帝-孙权

“白骨露于野，千里无鸡鸣”。

三国-吴废帝-孙亮

真实！

三国-吴废帝-孙亮

三国-吴大帝-孙权

“生民百遗一，念之断人肠”。

两晋-东晋恭帝-司马德文

想哭！

两晋-东晋恭帝-司马德文

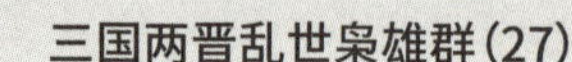

三国-魏武帝-曹操

感谢各位捧场！

三国-蜀汉昭烈帝-刘备

记得表演前给曹兄弄点酒。

三国-吴大帝-孙权

要杜康酒。

两晋-东晋康帝-司马岳

听说《短歌行》就是借酒创作的？

三国-蜀汉昭烈帝-刘备

“对酒当歌，人生几何”。

三国-吴大帝-孙权

豪迈，霸气！

三国-吴大帝-孙权

三国-魏武帝-曹操

曹操的《蒿里行》被后人称为“诗史”。明代文学家钟惺评价其为“汉末实录，其诗史也”。《蒿里行》生动描绘了战乱导致的生灵涂炭、社会残破之景，具有极高的历史真实性和社会批判性，成为文学与历史价值兼具的经典之作。“白骨露于野，千里无鸡鸣。生民百遗一，念之断人肠”是较为著名的诗句。

曹操的《短歌行》是借酒创作的著名诗歌。在赤壁之战前夕，曹操率领大军屯于长江北岸，与孙刘联军对峙。一天夜晚，明月皎洁，曹操在战船上大摆酒宴，款待众将。酒至酣处，曹操起身，慷慨而歌，吟出了千古名篇《短歌行》。“对酒当歌，人生几何”“何以解忧?唯有杜康”等句，抒发了对时光易逝的感慨、对贤才的渴慕以及统一天下的壮志豪情。

说起陶冶情操，怎么能少了三国两晋的书法大师们呢！

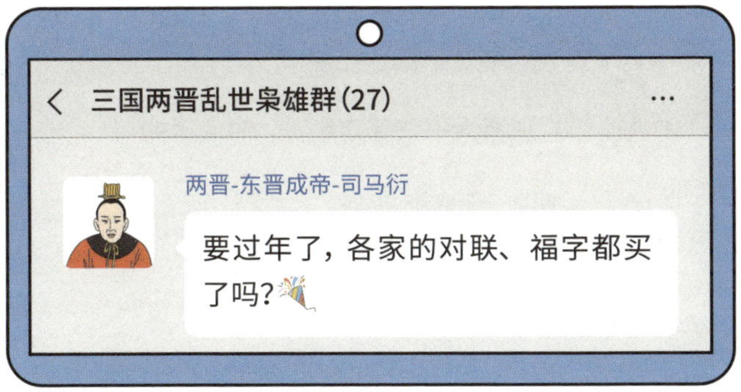

三国两晋乱世枭雄群(27)

两晋-西晋怀帝-司马炽

这对联需亲手写才有意义！

两晋-东晋成帝-司马衍

没错！我代表东晋司马家族赠送大家一副，聊表心意！

两晋-东晋哀帝-司马丕

我爹爹的草书可是远近闻名！

两晋-东晋哀帝-司马丕

两晋-东晋孝武帝-司马曜

有不喜欢草书的，我们这边还有其他种类。

两晋-东晋简文帝-司马昱

东晋大书法家定制款，你值得拥有！

两晋-西晋愍帝-司马邺

难道是“书圣”王羲之？

三国两晋乱世枭雄群(27)
两晋-东晋孝武帝-司马曜
没错!有需要的可以现场定制。
两晋-西晋惠帝-司马衷
来啦
来啦
三国-吴末帝-孙皓
来啦
来啦
三国-吴景帝-孙休
能将此等人物邀请来参加晚会，确实厉害!
三国-魏明帝-曹叡
是啊，听说当年权势老丈人选婿都没吸引他?
三国-蜀汉后主-刘禅
还是有实力啊，“东床快婿”不是白叫的。

司马衍在书法上造诣不凡，尤擅草书。《法书要录》称其草书“若云开而乍睹旭日，泉落而悬归碧潭”。意思是，他的草书如拨开云层后乍现的旭日，光芒夺目，又似飞泉落入碧潭，气势不凡。

王羲之：东晋时期著名书法家，被后人尊称为“书圣”。他变革汉魏以来的质朴书风，自成一家，笔势委婉含蓄、遒美健秀，字里行间透着文人的洒脱与优雅，将自然之美与书法艺术完美融合。《兰亭集序》为其代表作，被誉为“天下第一行书”。王羲之对后世书法风格的形成产生了深远影响。

东床快婿：东晋时期，东晋重臣郗鉴想在王家子弟中选女婿，便派门生到王家挑选。王家子弟得知后，纷纷刻意表现，只有王羲之在床上仰卧，只顾专心吃东西，对选婿一事毫不在意。门生回去后，将所见情形告知郗鉴。郗鉴听后，认为此等洒脱不羁之人正是佳婿，经打听得知是王羲之，当即决定将女儿许配给他，择为贤婿。此后，“东床快婿”就成了优秀女婿的代名词，而这段佳话也流传至今。

对联和年画合在一起才有过年气氛，绘画大师们即将登场。

三国两晋乱世枭雄群(27)
三国-魏明帝-曹叡
能不能顺道请他把《洛神赋图》带来?
两晋-东晋孝武帝-司马曜
这都不是事儿!
两晋-东晋孝武帝-司马曜
叉会儿腰
三国-吴大帝-孙权
再把曹不兴叫来吧，为我们画一幅全家福!
两晋-东晋安帝-司马德宗
是画佛像出神入化的那位吗!
三国-吴末帝-孙皓
没错!他还是细节控，“落墨为蝇”，连我爷爷都没看出来。
三国-吴大帝-孙权
是啊!

三国两晋乱世枭雄群(27)

三国-吴大帝-孙权

两晋-东晋穆帝-司马聃

这样高超的画师，一定能把我们帅气的脸庞表现得淋漓尽致！

三国-魏元帝-曹奂

咱们群里可就藏着一位绘画大师呢！@三国-魏高贵乡公-曹髦

三国-魏邵陵厉公-曹芳

没错！看我们曹家，人才辈出！

三国-魏高贵乡公-曹髦

略懂些皮毛，见笑了各位。

三国-魏元帝-曹奂

史上第一位“绘画皇帝”，谦虚了！

三国-魏武帝-曹操

顾恺之：东晋时期杰出的画家，被称为“画绝”，堪称东晋画坛领军人物。顾恺之画作题材广泛，人物、山水、禽兽皆能入画，尤其擅长人物画，强调描绘人物的神情与精神状态。其代表画作《洛神赋图》《女史箴图》，线条如春蚕吐丝，流畅自然，能生动地展现出人物的风姿神韵。

《洛神赋图》：顾恺之以曹植的《洛神赋》为蓝本创作的画。画卷分多段展现曹植与洛神相遇、相恋又无奈分离的故事，通过两人眼神之间的对视与交流，将原诗句中的复杂情感和难以言说的神态淋漓尽致地传递了出来，是中国美术史上的经典之作。

曹不兴：三国时期吴国画家，被誉为“佛画之祖”。他擅长人物、佛像、龙等题材，开创了佛像绘画的先河。他的画作注重线条运用，简洁流畅，能生动勾勒出物象形态。他受康僧会影响，摹写佛像，所作佛像气魄恢宏，对佛教东传有推动作用。虽真迹已失传，但作为最早享有盛誉的专职画家，其绘画风格与技法为后世，如顾恺之等画家提供了借鉴。

落墨为蝇：曹不兴受孙权之命绘制屏风，一时走神，误落墨点。他灵机一动，将墨点绘成苍蝇。孙权看到屏风时，以为那是真苍蝇，伸手驱赶，才发现是曹不兴的妙笔，随后对曹不兴的神来之笔和精湛技艺赞不绝口，足见曹不兴写实功力之深厚。

曹髦是中国历史上第一位“绘画皇帝”。他绘画天赋极高，擅长画马与人物，创作了《盗跖图》《黄河流势图》等众多佳作。唐代张彦远在《历代名画记》中将其画作列为中品，给予充分肯定。绘画才能为他短暂而波折的帝王生涯增添了一抹独特的色彩。

平淡的传统节目都差不多了，该找一些吸人眼球的节目了。

三国两晋乱世枭雄群(27)
三国-魏文帝-曹丕
又会儿腰
三国-魏武帝-曹操
你们都有出息了
三国-吴大帝-孙权
我还有一个刺激的节目——角抵！
两晋-西晋惠帝-司马衷
是相扑吗？
三国-吴末帝-孙皓
楼上说得对
两晋-西晋愍帝-司马邺
这个节目可是需要至少两个人呢。

三国两晋乱世枭雄群(27)

三国-吴末帝-孙皓

没关系，我有一个创新玩法，让宫女戴着金步摇进行角抵运动！

两晋-东晋明帝-司马绍

你这个玩法挺浪费钱吧？

两晋-西晋武帝-司马炎

杜绝铺张浪费行为！

三国-蜀汉昭烈帝-刘备

不愧是三国出了名的昏君啊，这独特的想法一般人还真想不出来。

三国-吴大帝-孙权

三国-吴末帝-孙皓

曹丕在击剑领域堪称高手。他在《典论·自叙》里讲，自己曾专门学习击剑，师从擅长击剑的史阿，而史阿的技艺得自东汉虎贲将军王越，其击剑技术曾经称霸京师。一次宴会上，曹丕与奋威将军邓展以甘蔗代剑切磋。曹丕三击邓展手臂，后又巧设破绽，引得邓展贸然进攻，趁机击中其额头，展现出敏捷的身手和高超的剑技。

角抵：中国古代的一项竞技运动，西晋以后又被称作“相扑”，最早起源于春秋时期。角抵讲究力量与技巧的融合，选手们凭借强大的力量和精妙的站位，通过推搡、摔绊等技巧，将对手摔倒或推出规定区域来获取胜利。在古代，角抵常出现在宫廷宴会、民间庆典等场合。

吴末帝孙皓为了打发闲暇时光，让宫女戴着金步摇进行角抵运动。宫女们常扭打在一起，金步摇也随之不断摇晃、碰撞，很快就会损坏。这些金饰十分娇贵，常常早上做好，晚上就被损坏。孙皓便又命人重新制作，耗费了大量人力、物力。

果然策划节目这种事，就是不能交给不靠谱的人，最后还得让可靠的人来头脑风暴。

三国两晋乱世枭雄群（27）

两晋-西晋武帝-司马炎

说到刺激的节目，我倒是想起我们西晋的骑术杂技，估计各位都没见过吧！

三国-魏邵陵厉公-曹芳

骑术！终于到我喜欢的节目啦！

两晋-东晋明帝-司马绍

开一个防沉迷系统吧，看给这孩子迷的。

两晋-东晋明帝-司马绍

三国-魏高贵乡公-曹髦

无用啊，想当年多少人劝过都不好使啊。

两晋-西晋怀帝-司马炽

这就沉迷了，还没见识过我们西晋骑术的厉害呢！

三国两晋乱世枭雄群(27) ···

两晋-西晋惠帝-司马衷

人与马完美配合，灵活杂耍！👍👍

两晋-西晋愍帝-司马邺

还可以配只猴！

三国-蜀汉后主-刘禅

听起来好刺激！

三国-蜀汉后主-刘禅

两晋-东晋孝武帝-司马曜

听说现代人都爱看神仙故事，不如我们也演一个吧！

三国-蜀汉后主-刘禅

神仙?那是什么故事?

两晋-东晋孝武帝-司马曜

不过就是我们东晋盛行的志怪小说罢了。

く 三国两晋乱世枭雄群(27) …

三国-蜀汉后主-刘禅

两晋-西晋惠帝-司马衷

可以挑战新职业,刺激!

两晋-东晋元帝-司马睿

听说《搜神记》他们还看着呢,要不就这部吧!

两晋-东晋孝武帝-司马曜

赞同!万一拍完我们也爆红了呢!

两晋-东晋孝武帝-司马曜

三国-魏文帝-曹丕

好啦!节目也挑选得差不多了,大家可以陆续准备啦!

骑术：西晋时期备受欢迎的杂技项目，常出现在宫廷盛宴和民间庙会上。骑术杂技融合了北方游牧民族的骑术和中原的杂技技巧，深受当时的王公贵族们喜爱。骑手有时在疾驰的马背上倒立，仅凭双臂支撑全身重量；有时单脚站立，如履平地；还会在马背上抛接物品，进行舞剑等杂耍表演；还能同时驾驭多匹马，在马群间灵活穿梭。除了单纯的骑术展示，骑手还会与其他动物配合表演，如猴子等。

曹芳在位时沉溺游乐骑射，常与亲信在后园饮宴。尚书何晏、散骑常侍孔乂（yì）忧心不已，先后上疏，劝他在游乐时应有大臣随侍，不必再练骑术，出行应乘辇车。然而，曹芳对这些苦口婆心的劝谏置若罔闻，依旧我行我素。

志怪小说：中国古典小说的一种，以记录神怪灵异事件为主，在东晋时期蓬勃发展。东晋时期社会动荡，战乱频繁，人们对自然和未知充满恐惧与好奇。宗教思想，尤其是道教、佛教盛行，为志怪小说提供了肥沃的土壤。代表作品有东晋干宝的《搜神记》、陶潜的《搜神后记》等。这些作品反映了当时的社会风貌和民众心理，在中国文学史上占据独特地位。

《搜神记》：东晋史学家干宝编撰的笔记体志怪小说集。它记述了从上古到晋代的大量传说，涵盖皇室贵族、普通百姓、鬼怪、神仙等多类故事。《搜神记》记述的故事类型十分丰富，有《神农鞭百草》这类神仙方术故事，也有《黄石公祠》这类神灵感应故事，还有《三王墓》《东海孝妇》等奇闻逸事。《搜神记》一直流传到现在，并加以改编拍摄成为同名电视连续剧。

吴范：三国时期孙吴政权的重要术数家，以精通天文历法、气象预测著称，与刘惇（dūn）、赵达等七人并称“吴中八绝”。每逢灾祸、吉祥征兆，他所推算的预言大多应验，曾准确预言刘表身死、刘备取益州、孙权能擒获关羽等。

年末啦，大家都显得团结一致，这次的群聊没有挖坑，也没有嘲讽，更多的是欣赏与赞许。各位都想着尽力策划一个完美的年终晚会，为这一年画上一个完美的句号。

十 对酒当歌，人生几何

愉快而又轻松的晚会时光很快就过去了，皇帝们也算体会了一次云聚会的快乐。又值深夜，正是追忆往昔、畅享未来的好时节，皇帝们再次举杯，对酒当歌，笑谈人生。

三国两晋乱世枭雄群(27)

两晋-西晋武帝-司马炎

这个晚会办得好啊!👍👍

两晋-东晋元帝-司马睿

孩子们有心了!👍👍

两晋-东晋穆帝-司马聃

三国-魏武帝-曹操

确实不错，甚得朕心!👍👍

三国-蜀汉昭烈帝-刘备

我说曹兄，你这一声“朕”称得可够晚的呀。

三国-吴大帝-孙权

是啊，当初我怎么劝你称帝，你都不肯听。

三国-魏武帝-曹操

还是那句话，“我做周文王足矣”！

三国两晋乱世枭雄群（27） ···

两晋-东晋哀帝-司马丕

三国-魏文帝-曹丕

没关系，我来实现我爸爸的愿望！

三国-魏武帝-曹操

好儿子！

两晋-东晋废帝-司马奕

真是遗憾啊。

三国-魏武帝-曹操

这些都是虚名，真正遗憾的是未能实现统一全国的夙愿啊。

三国-吴大帝-孙权

曹兄莫要自怨自艾啊，虽然当年我们三家争执不少，但也未能得出胜负啊。

三国-蜀汉昭烈帝-刘备

是啊，未能统一全国，我们也有责任啊。

划重点

曹操的一生都在做东汉的魏公，直至去世前都未能称帝建国。史书记载，孙权曾劝曹操取代东汉自立为帝，曹操如此回复：“如果天命在我，我做周文王足矣。”周文王是周朝的奠基者，可以说周朝的建立绝大部分应归功于周文王打下的坚实基础。而曹操说想做周文王，也意在希望以此生功绩换后代江山。建安二十五年（220年），曹操之子曹丕称帝，追尊曹操为武皇帝，史称魏武帝。

终其一生未能统一全国，是曹操的一大憾事。官渡之战中，曹操虽击败袁绍，基本统一了北方，但在此后向南扩张统一全国的道路上却遭遇重大挫折。赤壁之战中，曹操率领的二十万大军被孙刘联军击败，这一战使曹操失去了短期内统一全国的机会。此后曹操多次南征，也未能取得决定性胜利，统一全国的夙愿至死未能实现。

人老了总爱追忆往昔，未能完成的夙愿始终悬在心上，却有心无力，只能将希望寄托在后辈身上。

三国两晋乱世枭雄群(27)
三国-魏武帝-曹操
暗中观察
两晋-东晋成帝-司马衍
吃瓜
三国-蜀汉后主-刘禅
都怪那曹魏太过强大。
三国-魏武帝-曹操
哦?我的孩儿们竟如此厉害?
三国-魏武帝-曹操
简直不敢相信
两晋-西晋武帝-司马炎
想多了，那是我们司马家的功劳。

三国两晋乱世枭雄群(27)

两晋-东晋明帝-司马绍

三国-魏文帝-曹丕

当年重用你们司马家，不是让你们来篡权的！

三国-魏明帝-曹叡

三国第一白眼狼。

三国-魏武帝-曹操

那你们都不挣扎一下吗，我的孩儿们?

三国-魏邵陵厉公-曹芳

挣扎了呀，太祖爷，只不过失败了。

三国-魏高贵乡公-曹髦

他们已经是“司马昭之心，路人皆知”了。

三国两晋乱世枭雄群(27)
三国-吴废帝 孙亮
简直不敢相信
两晋-西晋武帝-司马炎
给你一个眼神
自己
体会
三国-蜀汉昭烈帝-刘备
这都不重要，我的禅儿怎么样了？
三国-蜀汉后主-刘禅
放心吧爸爸，我安享晚年了。
两晋-东晋成帝-司马衍
一整个大无语
三国-蜀汉昭烈帝-刘备
我竟不知该喜该忧。

刘备临终前将幼子刘禅托付给诸葛亮，史称“白帝城托孤”。关羽失荆州、刘备夷陵大败后，蜀汉元气大伤。刘备退至白帝城，一病不起。病榻前，刘备声泪俱下地对诸葛亮说道：“你的才能比曹丕强十倍，肯定能安定国家，最终成就大业。”诸葛亮当即跪地，誓言必定鞠躬尽瘁，死而后已。刘备又唤来儿子刘禅，叮嘱他要视诸葛亮如父，听从其教诲。这次托孤，是蜀汉命运的转折，也尽显刘备对大业未成的无奈和蜀汉未来的担忧。

曹魏政权后期，皇室衰落，司马氏执掌大权。正始十年（249年），魏帝曹芳离开洛阳前往祭拜魏明帝曹叡的高平陵（今河南省洛阳市境内），权臣司马懿趁机控制都城，以谋反罪名杀曹魏宗室权臣曹爽及其党羽，曹芳沦为傀儡，史称“高平陵之变”。自此，曹魏政权开始走向衰落。司马懿死后，其子司马师、司马昭相继掌权。泰始元年（266年），司马昭病逝，其子司马炎废曹奂自立，建国号为“晋”，史称西晋，曹魏政权正式灭亡。

曹魏政权对司马氏可谓是恩重如山。曹操开始起用司马懿；曹丕时期，司马懿深得重用，临终时又任命其为辅政大臣；曹叡时期，给予司马懿军事大权，临终时将太子曹芳托付给他。可司马氏野心膨胀，高平陵之变后，司马懿独揽大权，一步步架空曹魏，最后司马炎建立晋朝。由此可见，司马氏“白眼狼”之名，实难逃脱。

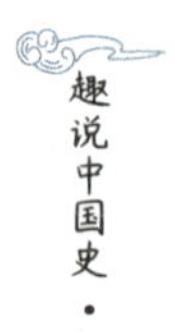

曹芳不甘被司马师操控，与近臣李丰、张缉、夏侯玄等人密谋，打算趁司马师入朝时设伏诛杀，夺回大权。怎奈计划泄露，司马师迅速反扑，将参与者灭族。曹芳的反抗彻底失败，曹魏政权进一步被司马氏掌控。

司马昭之心，路人皆知：是曹魏皇帝曹髦的愤怒控诉。当时，司马昭独揽大权，野心昭然若揭。曹髦不甘沦为傀儡，愤而说出此话，随后率人讨伐，试图夺回皇权。但结果不出所料，与曹芳一样，曹髦的反抗也以失败告终，最终死于宫廷动乱，年仅20岁。

曹魏灭蜀之战：三国后期，曹魏在司马氏的掌控下，国力强盛，开始谋划灭蜀。曹魏景元四年（263年），司马昭派钟会、邓艾、诸葛绪兵分三路伐蜀。曹魏军队一路势如破竹，蜀军猝不及防，大将尽损，后主刘禅放弃抵抗，开城投降。自此，蜀汉灭亡，刘禅被封为安乐公，在洛阳安度余生。

老父亲们做梦也没想到局面会发展成这样，瞬间觉得有气而无力。罢了，儿孙自有儿孙福，还是开怀畅饮吧！

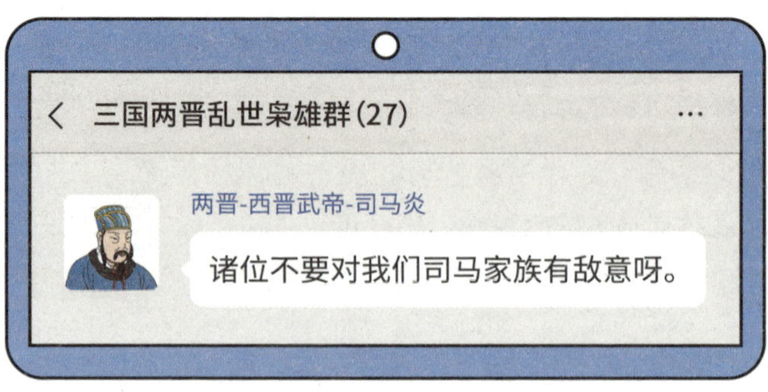

〈 三国两晋乱世枭雄群(27) ···

两晋-西晋惠帝-司马衷

我们是想低调，但是实力不允许呀！

两晋-东晋元帝-司马睿

两晋-西晋愍帝-司马邺

你有什么问题吗？@两晋-东晋元帝-司马睿

两晋-西晋武帝-司马炎

统一全国的伟业难道不是我们实现的吗？

三国-吴大帝-孙权

什么！这么说我们吴国也没了？怎么回事？@三国-吴末帝-孙皓

三国-吴末帝-孙皓

爷爷您要给皓儿做主啊！

三国-魏武帝-曹操

这回跟我们大魏有关系没？

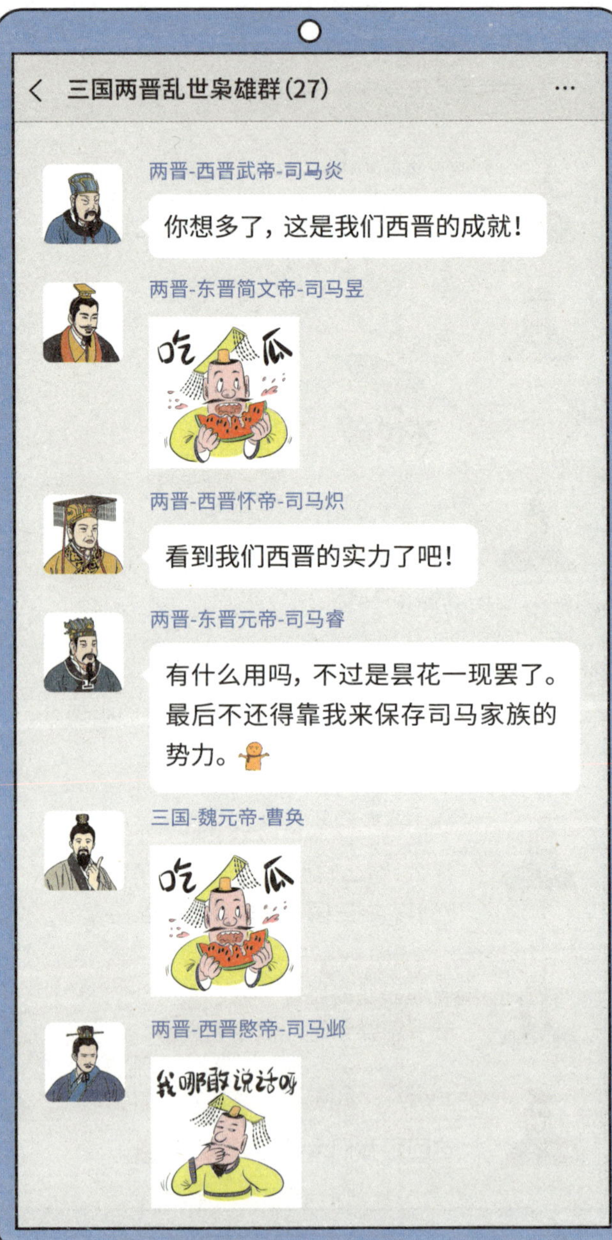
三国两晋乱世枭雄群(27)
两晋-西晋武帝-司马炎
你想多了，这是我们西晋的成就！
两晋-东晋简文帝-司马昱
吃瓜
两晋-西晋怀帝-司马炽
看到我们西晋的实力了吧！
两晋-东晋元帝-司马睿
有什么用吗，不过是昙花一现罢了。最后不还得靠我来保存司马家族的势力。
三国-魏元帝-曹奂
吃瓜
两晋-西晋愍帝-司马邺
我哪敢说话呀

司马炎建立西晋后，积极筹备灭吴。当时吴国政权内部腐朽，吴末帝孙皓昏庸残暴，人心离散。西晋咸宁五年（279年），司马炎部署周密，兵分六路，水陆并进。吴军难以抵挡，防线全面崩溃。最终，孙皓出城投降，西晋太康元年（280年），吴国覆灭，西晋就此结束了三国鼎立的局面，实现全国大一统。

西晋末年，政局逐渐呈现愈加混乱的趋势。永嘉元年（307年），西晋琅琊王司马睿受东海王司马越之命，为保存司马家族的势力，移镇建邺（后改称建康，今江苏省南京市），并在王导等士族的支持下，在江南地区逐步站稳脚跟。西晋灭亡后的第二年（317年），司马睿在江南士族的拥戴下，于建康建立政权，史称“东晋”，延续了司马家族的统治。

在这纷乱的时代，还真是你方唱罢，我方登场。但是西晋听起来像是一个强大的王朝，怎么会昙花一现呢？

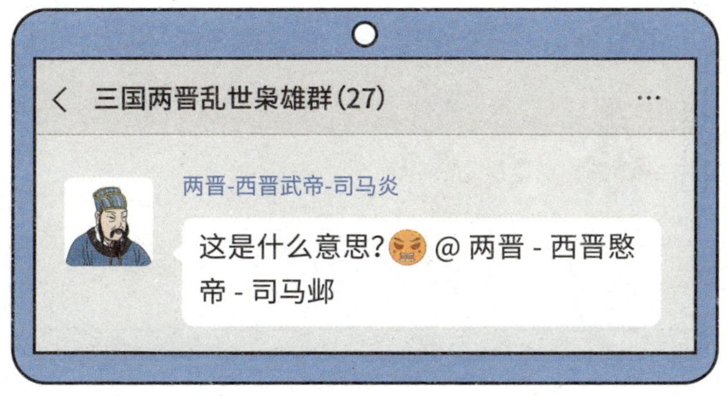

三国两晋乱世枭雄群(27)

两晋-西晋愍帝-司马邺

爷爷您听我说，谁知道这中间突然杀出一个刘渊。

两晋-西晋怀帝-司马炽

爹爹，您要为我做主啊，儿子死不瞑目啊！

三国-蜀汉后主-刘禅

解锁新人物啦？

两晋-西晋愍帝-司马邺

还装作不知道呢？我看就是你们蜀汉派来的！

三国-蜀汉昭烈帝-刘备

跟我们有什么关系？

三国-蜀汉后主-刘禅

躺着还能中枪？

两晋-东晋成帝-司马衍

三国两晋乱世枭雄群(27)

两晋-西晋愍帝-司马邺

刘渊可是打着“匡扶汉室”的旗号，追谥你了呢。@三国-蜀汉后主-刘禅

两晋-东晋康帝-司马岳

不仅如此，听说他还为西汉、东汉、蜀汉中的八位皇帝立牌祭祀，其中就包括你哦。@三国-蜀汉昭烈帝-刘备

三国-蜀汉后主-刘禅

都没给我立牌吗?差我一个啦!

三国-蜀汉昭烈帝-刘备

两晋-西晋武帝-司马炎

此人竟如此厉害?胆敢亡我江山!

三国-魏武帝-曹操

那你们东晋后来如何了?@两晋-东晋恭帝-司马德文

三国两晋乱世枭雄群(27)

三国-吴景帝-孙休

本群最大的希望了。

两晋-东晋恭帝-司马德文

历史的车轮滚滚向前，我们东晋到底是步了曹魏的后尘。

两晋-东晋孝武帝-司马曜

什么?我们不是有淝水之战吗?

三国-魏武帝-曹操

又有白眼狼了?

两晋-西晋武帝-司马炎

多损啊。

三国-蜀汉后主-刘禅

这回又是哪位新人物啊?

两晋-东晋恭帝-司马德文

是我东晋的权臣刘裕建立了刘宋政权，开启了南北朝时代。

两晋-西晋武帝-司马炎

难道又是蜀汉派来匡复刘氏江山的?

划重点

西晋末年，匈奴族首领刘渊在并州（今山西省一带）崛起，建立汉赵政权。为了凝聚人心、争取汉族士人的支持，刘渊追谥刘禅为孝怀皇帝，并设立了包括西汉高祖刘邦在内的四位西汉皇帝、东汉光武帝刘秀在内的三位东汉皇帝以及蜀汉昭烈帝刘备，共八位先汉室皇帝的牌位，对他们进行祭祀，以表明自己延续汉室正统的志向。

西晋永嘉五年（311年），汉赵皇帝刘渊之子刘聪率军进攻洛阳。晋军难以抵挡，洛阳城破，汉军大肆烧杀抢掠，晋怀帝司马炽被俘，不久后被毒杀，史称“永嘉之乱”。永嘉之乱后，晋愍帝司马邺即位。西晋建兴四年（316年），汉赵政权率军围攻长安，城中粮草断绝，晋愍帝无奈投降，受尽屈辱后被杀，西晋自此灭亡。

淝水之战：东晋太元八年（383年），东晋与十六国的前秦政权在淝水（今安徽寿县东南）展开的战役。前秦君主苻坚亲率八十七万大军南下，东晋以谢安、谢玄为首，仅派八万北府兵抵抗。东晋最终以少胜多，大败前秦。此战是中国历史上以少胜多的经典战例，巩固了东晋的统治，前秦政权就此瓦解。

刘裕为东晋时权臣，他出身贫寒，却凭借卓越的军事才能崭露头角，并屡立战功，威望与日俱增。东晋元熙二年（420年），刘裕在铲除朝堂异己势力后，废东晋恭帝司马德文，自立为帝，改国号为“宋”，建立刘宋政权，东晋覆灭。自此，历史正式步入南北朝时期。

家家有本难念的经，原来皇帝们也有烦恼，也有各自的担忧。同病相怜的皇帝们对酒当歌，诉说着各自的辛酸，仿佛是一个王朝眺望远方，在回看来时的路。腊尽春回，三国两晋的故事到此落幕。万象更新，南北朝又将有怎样的趣说。让我们共同期待再相会的那一刻！